明清科考墨卷集

第二十八冊

卷八十二
卷八十三
卷八十四

林祖藻 主編

LITERARY TIMES
蘭臺出版社

第二十八册　卷八十二

許子以釜甑爨以鐵耕乎曰然　存真集　施榮幹

詰爨耕之所以復應以為然焉夫爨以釜甑耕以鐵固不問而知其然也詰之而直然之不又見許子之不能異於人乎且自火食與而物資甑鬲農工肇而器重犁鋤其相需而用者不誠萬世所同然哉乃藉夫物以探夫意婉詰焉而若有疑心而資夫器亦猶夫人直陳焉而固無殊轍夫乃歎問之者方深恐其情之異而應之者早已覺其言之同矣許子之冠不自織既恐害於耕矣夫耕必有其食腹充者田可加人皆然許子亦有然乎耕必有其具器利者莠可除人固然許子能無然乎其亦將以釜甑爨以鐵耕乎烹飪既興而後朝炊夕爨調燮原藉夫釜

[illegible]並許子而獨不然第以矯語黃祝身所託者既異安必口所
適者猶同則叩庖廚之利用孟子一若不知其有然也者而因
以一問探其隱嘉植既降以來水耨火耕芟柞廩資夫錢鏄豈
許子而或不然第以誇談荒遠出語既搖舉國之心安必治田
猶儆范金之制則課隴畝之經營孟子又若明知其有然也者
而因以一問啟其言詰之曰許子以釜甑爨以鐵耕乎孟子固
逆知其然而必使陳相代白其然也而陳相果何如乎今夫人
於辨論難已之時可借日用之常需以為證非必謂論其常證
足以窮其變也第欲切指其心之所不然而先叩以物之所同
然耳故論說有由傳即此中讀所覓大田所籍之端而已堪印
證今夫人於性天難昧之隱每不因一時之邪惑而遂湮非真

能去其邪以歸於正也蓋事既屬同然即難云非然耳故語言
不容偽要難於鼎鑊是操耒耜是修而外而別謝神奇此孟子
詰爨耕之所以而相直應之曰然耳業已道許行之言何妨以
錡釜不資者鳴其異然而以燔以爨要難舍釜甑而別有所求
也饌玉炊金調劑原資水火之利瓊廚土銼蒸浮且發黍稷之
爨故應之曰然而知許子之烹調無異物業已學許子之爨何
皆以鏒鐵不用者矜其奇然而或耔或耘要難外鐵而他有所
取也鳴鳩關乎猶是犂田中之雨春危催矣依然鋤隴上之雲
故應之曰然而知許子之耕爨有同情許子之不能異於人者
又如此

許子必種粟　而後衣乎曰否　　貫珠集　林　芬

詰並耕者以所能因先及所不能者焉夫許子所能者特一種粟耳若織布而衣則非所能並及也孟子姑先兩詰之而陳相果以然與否對今使天下僅有耕之一途則異端之所能不窮然使天下耕之外亦僅有一途則異端之所能若窮而猶未窮抑知耕者之所能一而耕者之所不能不一故即其所能姑詰之而彼之所能固在意中且即其所不能充舉之而彼之不能亦非出諸意外也不然許子耕者也耕則治其田疇無異織者之治其絲枲也耕則勤其稼穡無異織者之勤其蠶桑也然則許子必種粟可知然則許子必種粟而食又可知此不特陳相以爲　子亦當不

問而畀以為然矣而顧詰之曰許子必種粟而後〻何居術必
有所尊營不於所專營者而先求其可據將辨難〻轉與所藉
以〻發端之自故欲計及於種粟之外不妨計及於種粟之中所
術〻尊營而後可執此以例彼業必有所素習不於所素習者而
究乎〻以樂居斯論說究窮勢必他道而為彌縫之術故第計及於
種粟〻中不必計及於種粟之外斯　肴素習若不妨欲歷而先
伸而陳相果應之曰然矣夫相以為然相其殆有不得不然者乎
以耕者固業在種粟也相〻又有大慮其不然者乎以耕者固不
僅一食也今夫民事難緩衣食為先圖治有經農桑並重許子既
不能不食許[illegible]其能不衣乎許子之食既不能不需粟許子之衣
其能不需布乎〻然許子耕者也耕者何必皆織布而後衣許子

又並耕者也並耕者何可不織布而後衣孟子曰此無論其他也第以織布論當為許子所否矣而陳相亦曰此真許子所否矣既難俟為農夫俟為紅女則許子之為衣謀者安能其一如為食謀此固從種粟而食之問而互以相勘也故在孟子也究詰有方何嘗持此一說而並營無自豈其於種粟以為然且或於織布亦以為然況夫猶是農功猶是蠶事則許子非其力不食者當亦非其力不衣此又因相然種粟而食之對而舉以相窮也故在陳相也掩覆多端方思少釋其說而並務未可使於織布而亦以為然轉恐碍於種粟之以為然追觀於衣褐一對相亦欲曲為之解矣然而不能不直應曰否者則以向者種粟而食相固明明曰然也

許子必種粟　厲農夫哉　新穎集　周虎彝

種粟若無所兼而相易不至相病矣夫種粟而食粟之外固不能自織與自為也惟其易焉則陶冶農夫豈相厲哉且許行挾並耕之說而繼以厲民是殆謂並耕之說行而厲民之弊可袪也不知並耕之說行斯厲民之弊不能袪惟即其所云並耕者以還質之使知事有專屬即責難兼務而可以並耕者皆其不能並耕者矣即其所云厲民者以反詰之使知物有相通即剝有交易而必不厲民者更非徒不厲民已矣不然若許子者為神農之言猶一農夫而已其為農夫也夫何怪其總總然曰並耕曰厲民哉乃孟子曰吾已有說以詰許子許子居隴畝之中

則務粟而食固理之所宜然然粟可種而粟之外恐有不能徧
廢者則如衣冠如釜甑如鐵在彼豈能自織與自為也而相固
以為否也許子任耕耘之業則種粟而食亦勢之所必至然粟
可種而粟之外更有不能兼及者則曰衣冠曰釜甑曰鐵在彼
亦難自織與自為也而相固以為然也曰害於耕也以粟易也
夫許子亦知有害乎知有害而所害者恐不止耕也亦知可易
乎知可易而宜易者當不止粟也而猶曰並耕曰厲民哉是不
必反其說以相攻遂引焉使之自露其端倪而持論者已窮而
思轉亦即可據其說以相證直決焉使之自明其利害而執業
者且引而皆同蓋其易也非所謂厲也不獨陶冶然即農夫何
獨不然然則陶冶無粟陶冶何嘗無粟農夫無械器農夫何嘗

無械器互相易而百姓之利於是乎充焉則陶冶不能無農夫農夫亦不能無陶冶許子殆有悟於織與為之煩而思有以相通也厲何有也然則粟不出於陶冶陶冶亦有粟械器不出於農夫農夫亦有械器屢相易而萬物之利於是乎溥焉則陶冶有賴於農夫農夫亦有賴於陶冶許子殆有鑒於織與為之難而思有以相濟也厲何有也而猶執並耕之說也何獨不可織與為哉猶執厲民之說也何獨厲在農夫哉孟子即許子之言證許子之行卒以許子之行折許子之言而相更何以解於並耕厲民之說哉

許子必織布

迺金集　陸成勳

有必需夫布者織之當不容緩矣夫織布似非許行事也彼行之不能無緝夫布又安能無緝夫織哉孟子故更設一必然之想曰嘗思一女不織或受之寒是織固女子所有事也顧機杼親操原屬女子之事而有時以女子之事而引以為農夫之責者則一念夫自食其力之人當亦情之所或有也許子之食既必種粟矣而有與粟並重者非布乎顧彼西疇萬寶其告成矣顧耳粟可舂者亦必有尺布可縫也則所以需夫布者至急也相茲南畝五穀其登矣顧有餘於粟者未必其有餘布也則所以成其布者宜講也夫布不有賴於織哉其在賢君勵精

圖治亦或以大布昭儉樸之風然而貢賦有經則布之所供要
祇與織績締紵而並獻是布之無待於親織者理固有所不必
也即在吾人談道讀書亦或以韋布表儒生之度然而有無相
濟則布之為用不妨舍己營謀而他求是布之無俟夫躬織
者勢亦有所不必也而非所論於許子使許子知抱布之可貿
則雖有絲麻何必是經而是緯而許子當不出此也不出夫此
則必將有事於織矣況夫織席為飧亦嘗拮据以謀生而分餘
暇於紬繡能無跂終日而冀七襄之報抑使許子能却布而不
用則顧藴杼柚又何妨弗躬而弗親而許子又未能如此也未
能如此則必將有事於織矣特以種粟自供亦既竭蹶以從事
而際始和而播穀豈復勤栽績而賡八月之章何也許子之衣

資夫布。許子之布。或未必盡出於織也。其然乎。其不然乎。

圓轉清和彈丸脱手

許子冠乎曰冠曰奚冠曰冠素　灑海集　陳　騂

舍衣論冠窮其用而隙生矣夫孟子論冠意不在冠也問焉並詰以奚冠彼言冠素者不顯授以隙乎昔孟子以衣詰陳相意不在衣在於織布也相以衣褐對意亦不在褐在避織布也於是孟子不與之言織第與之言布亦不與之言布第與之論許子之冠夫孟子豈不知許子之有冠哉抑豈不知其冠之必素哉設使孟子於此顯闢之曰許子冠是許子不能不需布許子即不能不需布而相之說立窮然以相狡猾成性安知不多語神農氏之風謂許子不冠而處乎則與相論冠者道在徐以引之且使孟子於此直折之曰許子冠素是許子之冠必用素許

子之冠亦必用布而相之說愈窮特以相禦人口給安知不謬
附農家老之列謂許子冠必草笠乎則與相論冠者道在漸以
追之而於是孟子若不知許子冠也者而轉詢以冠若不知許
子冠素也者而進詰以奚冠其未問奚冠而先問冠也逆知相
必以冠對矣其既問冠而復問奚冠也逆知相必以冠素對矣
則謂冠與冠素之對者孟子使相不得不爾可也夫孟子何以
使相不得不爾哉人情於說之儻來每預防而恐授以隙迫其
說猝變焉則有不及防者矣就令其嚴為防而屬在身所必需
勢不能不順其說夫以相隱夫布之名而渾之曰素其說未必
皆順特冠之需無可已即布之名無可辭則其不言布者已若
顯言布也豈如衣褐之可以牴牾哉人情於說之將破每巧適

而力避其攻迨其說忽更焉則有不及適者矣即使其必適而屬在目所共見勢不得不輸其實夫以相掩夫布之實而變之曰素其實未必盡輸特冠之用無可辭即布之實無可諱則其不言布者更若明言布也不與衣褐而共難文飾哉如是而相不得適其辭曰許子之冠非布矣並不得强為解曰許子冠不待織矣陳相雖狡其能强辭奪理哉

設為庠序　三代共之

朕快集　李德謙

教寓遵乎三代鄉與國均有學矣夫庠序學校三代所設以教人也一為之別其異一為之言其同教可不遵三代乎且古聖王溥無窮之教澤固欲舉一世而甄陶之夫豈有鄉國之殊哉然而心無厚薄而義有異同其異焉者齒德與武備交修論秀書升各凜一朝之制其同焉者選造與元良並教王朝侯國初無中外之分則分而計之可以得栽成激勵之深心亦合而觀之可以見一道同風之盛事矣觀於助法之行先王之養民至矣然豈遂居而無教哉為閭閻謀衣食衣食足則教化興入里黨而觀風而胡當何以燕饗耆暨宗何以課絃誦武夫何以備干城知恒產貴有恒心

也而先王已早為籌畫矣為國家勸農桑農桑與斯禮樂作遊國
都而問俗而儀貳何以知遜讓胄子何以訓直溫俊秀何以與選
造知厚生更宜正德也而先王已豫為防閑矣此庠序學校之設
所由來乎且夫庠序學校亦自有辯關當於場圃納稼之餘見夫
紉雅畢至龐老咸集或佐壺觴以介眉或執詩書而肄業或持弓
矢以奏能初不知鄉曲之間何以有此休風也有告予者曰此夏
校也殷序也周庠也乎乃恍然於養教射之義矣觀於鄉而知王
道之易易矣又嘗遊黌名文物之區見夫俊乂鱗萃良莠偕來若
者釋奠而祭菜若者鼓篋而横經若者歌風而肄雅初不知彼都
人士何以雍容如此也有告予者曰此夏之學也即殷之學也亦
即周之學也乎乃恍然於三代共之之義矣觀於國而知聖澤之

洋洋矣於是知鄉學之各有其實也養非不足於教教非不足於射特以一王擧起自彰一代之文明是以隆孝養者與傷蒲郴之年遊泮水者亦擬藻芹之秀習澤宮者克宣桃棘之威公而抗心希古也豆觴知敬澤沛菁莪絃縵多閑儀嫻彌弢何莫非禮明樂備之休也哉於是知國學之無殊其名也學有養而養不必言學有教射而教射不必言蓋以四海從風原無或歧之情性是故宅安邑者敷文聲仰夫元圭處亳都者興學賓乎金礪遷鎬京者尊師特拜夫丹書公而有志崇王也璧水觀型鼎盤並壽靈臺嗣饗鐘鼓猶新又奚來忠儉質文之異哉三代未遠君其取法焉可

設為庠序學校　　滙海集　徐頌增

有特設於助法後者謀其區也夫庠序學校之不設則其區先未善矣其繼助法而設之者詎可緩乎且以世子之身而作君伊始曩之從師保凝承而商議其間者其地固心焉識之也所處者制度久已就湮振興自難遽及苟羣生既阜則君與國人所藏脩而息遊者不可不善謀其區也今夫天下之民羣相分也亦類相聚也古昔盛時既曰處農就田野又必曰處士就閒燕者豈不甚重乎庠序學校哉試即繼助法而及之圜橋之觀樂乎苟良法未施於郊野而粉飾是圖必將嘆芹藻不足以療饑鐘鼓徒聞而疾首蓋衣食不給誠虛設此夏弦春誦地耳大

昕之徵殷乎苟精心既溥於田疇而規模有缺必且嘆宇內曠斯文之宅耕夫之問字之庭蓋俯仰無憂良待設此書升論秀達矣助法既行而設為庠序學校詎可緩乎無經籍以實其中則庠序學校不富設之云者不徒壯其外觀必將充其內美也况古人之禮樂詩書薈萃自有常所否則草野偶藏一卷而偏執者輒誤歧途名山各抱一編而賢知亦各分門戶謂非庠序學校之發弛階之厲乎而設施可不豫與無賢才以居其中則庠序學校不光為之云者不徒備其虛名必將崇其實望也且斯人之德行道藝位置必有其方否則俊秀無可造之門而子弟苦負笈之跋涉齒德失常尊之處而師儒勞秉鐸之周游孰非庠序學校之毀壞貽之累乎而營為可弗善與臣於是念庠

序學校之設而悠〻焉能發者其無憂矣務簡而薄遊都邑驟
覩夫莪嶬之鸞旂則有問乘輿所之而小大胥蒸從公之樂者
宮之南郊之右舉目為之改觀君忘馳馬之情人效飛鴞之集
洵聲明文物之區也公私其各足矣度地而俾立宮牆咸識為
菁莪之淵藪爰有司徒領法而族黨俱開弦誦之堂者近而郊
遠而遂回首何知此地君親當年之劍佩人欽宗國之衣冠庶
春秋冬夏於斯也於以敎民於助法之既行而倫以明而民以
親

設為庠序　庠者養也

揚華集　孫翼謀

教設而農進於士庠之義可先詳也夫庠序學校設教於鄉國者
備矣然而義不必同也惟庠特取乎養老云爾昔先王將以養天
下之人才必先養天下之壽耇蓋治術之原始於富庶而終於詩
書而化育之成徹其父兄即範其子弟雖建學親師義各有尚而
首溯尚齒之宏規已令人觀於鄉而知王道之易易井田立而助
法行斯時之民仰足事俯足畜不已得所養哉第恐農桑井牧之
制長其傲慢將有世道之憂觴酒豆肉之歡習為驕矜淺為學術
之患嗟乎庠序學校之不講久矣久人情相聚則易感耳不聞先王
有道之言目不覩朋友觀摩之益其為感也幾何先王曰吾設為

庠序學校使之萃處乎其中見善者可以知勸見不善者可以知懲草野愚氓日沐琴瑟鼓鐘之澤教之者因以不肅而威人情相形則思競率教而無由獎其勤不率教而無由儆其惰其為競也又幾何先王曰吾設為庠序學校使之涵濡於其地既升者感激而弗敢負未升者愧勵而不自安閭閻微賤皆有士人君子之風教之者因以不勞而理且夫黨設庠而州設序鄉設校而國設學誠以國學之所升要皆鄉學之所造也而州序鄉校之所登又皆黨庠之所選也曷亦先思庠於何取乎夫論設教之由天子必有父諸侯必有兄敬序非無憲乞校非無引年即講學臨雍而聚視聽於圜橋所以示執醬執爵非虛戚典而論建庠之義立愛必自親立敬必自長故上庠則國老特尊下庠則庶老宜重知育材所

藻而講禮儀於齒讓所以明杖朝杖國當凜後生自少年意氣輕
浮翔樸拙之衣冠輒譏其迂拘而不諳世故此亦老者之深憂也
而風俗受其害矣養以安之居此庠者入而受業即出而服勞春
酒介壽之風相俯仰於地厚天高而不知誰賜豈至有縱擲泥塗
之辱哉自末俗性情佻達侮典型於先進每笑其拘謹而不近人
情此亦老者之隱痛也而人心滋之厲矣養以尊之居此庠者進
而誦讀即退而定省飶芬椒馨之樂相優游於桑榆暮景而不知
天年豈至有箕帚誶語之嫌哉要之庠之義不必同於序與校無
非設教之深心也

設為庠序學校以教之　貢珠集　褚元復

立教於行助之後設之不容緩矣夫庠序學校教民自有其地也孟子於行助後論及之得毋謂有設之不容緩乎今夫率衣食未足之民而迫以絃誦課治者曰躁矣任身家既贍之民而廢厥典墳觀化者曰疏矣凡此皆不善為國故也賢君在上教誨繼於保惠彼享含飴鼓腹之樂者莫不圜橋而觀聽焉臣願於滕觀厥型爾不然助法之不行也久矣助法不行富之無道豈必教之有方乎滕既行助則有恒產者可復恒心立教不宜亟亟哉當助法未行之先開源節流之不暇復何籌及訓迪乎所以小邾雖見出耕上丁未聞習舞晦休明動要僅省乎縣鄙

之夫迨助法既行之後厚生利用之惟和豈或忘夫正德乎所以紅粟曾符魚夢青衿必叶鷄音夕惕剸乾當更卜夫橫經之子蓋教以繼助固不容或緩也庠序學校其設之宜非不知西京之鐘鼓云爾談約縱者幾何人談連衡者幾何人後生小子徒知利祿是談誰復可教以詩書教以禮樂乎然非所論於行助後也飢寒既免即化導奚辭故庠設於黨序設於州學設於國校設於鄉吾甚願於卜正之遺封而拭目視之非不知東洛之衣冠已邈傚為我者不一人傚兼愛者不一人學士文人徒知異端可好誰復可教以至德教以要道乎然非所論於行助後也飽煖已周即薰陶甚易故設庠而黨有教設序而州有教設學而國有教設校而鄉有教吾更願於平邱之故趾而轉念

及之且教正欲民知為農之意焉使必謂手足已覺胼胝而心志無煩圖東則東作西成之候誰能讓畔而讓耕乎雖有庠序學校之設而前此之乃逸乃諺矣今此皆肯播肯穫矣斯何如教育哉所以農為士而吏為師資富能訓顯有相因之至理抑教又欲民知安養之道焉使必謂草野既登康阜而蒿宮無事經營則耰鋤箕箒之微保無德色與誶語乎惟是設為庠序學校而昔日之沃土思淫者今日乃比戶可封也斯何如教思哉所以醉以酒而飽以德既富方穀有有不易之常經此誘教必言於行助後也試進而詳言之

麻冕禮也　一章　馬世俊

聖人兩酌所從、可以觀今古之變矣、夫儉可從、泰不可從、夫子亦循行古之道耳、而豈有心戾俗哉、慨然曰、身之用物也、備而上之制下也、嚴甚不容于不謹也、百物秉奢侈之漸、而纁冕為尊、五品分拜讓之儀、而朝廷為重、乃以禮斷之、而古今升降之典、可以酌所從違矣、盛王之制禮也、凡人所不樂從者、不以相強也、典章修（東云提禮字○從字承義空[illegible]）而統紀明、安在無因性作儀之意、後世之行禮也、凡我所不斷從（月[illegible]）者不敢相戾也、風俗同而耳目一、安在有矯時怫物之懷、乃有其（此二股紆○徐委備）拂乎禮之文、而猶不失乎禮之實者、三代損益之道、不過如斯而

慘不幸嫵媚　何云下筆分明但不得苦恭耳

我亦幸于今遇之又有稍變乎禮之迹而遂大悖乎禮之經者撓
季凌越之端于斯為極而我又不幸于今遇之當今日而思麻冕
不可復見矣論其初則禮也崇其稱則躋于袞鷩希玄之飾有君
大夫之綦焉平其制則備于臺笠緇撮之觀有都人士之盛焉而

慘[illegible]者[illegible]之妙

今也則純矣天下之樂趨簡易而畏習煩苦或皆純之類也不然
何物力競侈而獨嗇乎元首也然素絲不飾猶有先民之遺所謂

接又深妙

甚拂乎禮之文而不失乎禮之實者儉也吾其從禮乎哉生今之
世為今之民而有見于衆之可愛吾從衆矣當今日而思拜下不

以燕禮言則卿大夫先降西階之下

可復見矣論其常則禮也情莫親于燕享君而賓答事之也必西

庶幾夙夜以永終譽

杜定京

引詩之譽有客者、一夙夜而有永思焉、蓋夙夜非永也、而譽可永終、則長此夙夜也、此詩人深為來朝者幸乎、振鷺之終篇曰、我家之庶、止于周京也、夫既聲藉藉甚矣、頌猶以為修其禮物作賓王家、特信宿聞章耳、遇此以作永之或知也、然而於客庚非有初鮮終者矣、在彼無惡聲在彼、耶在此無射譽在此、耶修言彼此、念爾夙夜矣、生今王之後、日慎一日、而恐其不終、敍客之譽者、猶難于夙夜之間者也、值勝國之餘、畏天之威、而夙其不永、我家之譽、有易以敬夙夜之嫌矣、朝也、雖然無慮此也、天下之最不樂者天心、二叔不減天棄其衷矣、

本朝房行書歸雅集　中庸　康熙己卯

乾之改其河山當亦不替其宗社胡然而山罍蹟句猶有修禹祀而

舊○別○潢○來○奇○妙○感○神

爲孫者亦默示以明德之後必有達人當此披校撥本之秋而凜

古○質○樸○然

然于夙夜甚命之學此意亦予懷之所樂聞者也庶幾哉明有天地

然有恩神昱之鑒此誠也而祭豈有窮矣天下之至可知者人情有

周受命人懷其德矣既漸忘其宗祖則亦雄戴其子孫胡然而晉東

漢上猶有外府長而內寢王者亦明示以統承先王惟稽古典當此

更姓改步之朝而惆然于夙夜寅之義此意亦朕命之所不忘者

也庶幾繼前有三王後有百世朕之同此環也而祭豈有替矣是故

禁其舉則樂其永夙夜不以久而忘祭亦不以久而衰也且吾儕小

人皆有新天子在其耳目而猶見蔓苴琢歟依然尚忠尚質之遺則（原批十切）先朝故主之感猶不忘悉去于懷也得此譽而永之豈惟有家之福哉卜其永更卜其終永為譽之所積終亦夙夜之所際也且學士大夫皆有數世之主在其意中而苟念西雝白馬亦微文王武王之靈則當作下車之封庶得以與國無窮也得此譽而永終之豈非我周之盛哉此詩人所以三致意于二王後也

良工不示人以璞雕琢處始如玉也文情善感絕有詩意　韓慕廬先生

緝詞弄犢徒飾華月適亂窮寒也饒有秀韻亭經緯采自中宮商

商聞之矣

許宗渾

善議友者、仍借勗於師焉、夫述師之言、不忘本也、司馬氏領未之前忖乎、子夏曰、亦至萬難皆置之時、必有一道以自處、古今來忠孝倫心之事、聖賢遇而安之、以下居未嘗不思之議之也、以察所學問之身而試之、家國之際、即安常處順、猶不可、況饑饉乎、子夏亡兄弟耶、詢也、微子言、商亦為予悲之、顧天下有同一憂、安而一人告之以達志、一人居之以居於、未可為忠富尊榮之、即為人憂也、天下有同一艱險、而一人經之為奪步、一人領之為坦途、未可謂憂讒畏譏之、即為人病也、子夏患矣、商即有言、以為予解乎、終不自釋矣、雖然商之

呂云此以嫉轉發情如聞

言不足聽也商所聞之言則非商之言也所聞在商言或以商輕也所聽在言則商或以言重也既已謹此意中之夙而欲意外忽之雖

呂云六句真可謂淋漓公情

更开有所不能第旁觀者代為籌之而實前此有人焉曾為痛哭曾為流涕則慨念斯人半為憂患中人也古今來原無不可處之意境

留處步

下浩歎更仍

吾即奈已知之矣既已不能無事之際而欲無事化之雖商亦有所難必乃善道者設身處之亦知此中有人焉共為神傷共為浩歎則嘗言永久並弔憂患中人此李衛開太無不可通之神明聖人久已及此矣亦嘗百集鼓欲嚬古今而評之不第如蒙商乎何以處此則

呂云公說得悽惻

謝不敏焉有以如鮮商乎何以處此則謝不敏矣之辭何事而可無

人汗漫文作又妙舒虛空

術以通之予迄今雖不能力行有獲而惟茲繹言時往來于心亦

嘗侍立趨庭撿常變而咨之卒而悟之則為商賦棠棣焉不幸而交

游則為商賦角弓焉尚有何事不為古人所陋道乎在商雖不能詳

言無說而亦我周行循林林乎耳也蓋以商之愚以予之智〻罔無

所聞明乃以今之見以昔之闕理則有可持贈商其致為吾友告乎

虞冒語發出如許至寶之□止是見處高為憂灑人闢釋高落

曠達豪言則下二語足來入二氏解脫法門矣看子夏急下君子

敬而無失二句方見死生二句不是付之數命者此所謂知命立

命也行文能見到此故極淋漓感慨都是聖賢甲裡不竄入才士

本朝歷科小題文選

情懷英雄意氣中事。呂晚村

淋漓慷切麗題妙能實做。

可謂之　　許

望

揚華集　闕名

繼守而言望其防寇之心密矣夫不望於鄉是玩其寇也乃繼守而爲望謂非深於防寇乎且望道者有未見之心望雨者當大旱之後夫非猶是望也與哉乃若事出於防鬬凝眸更切情虞其爭奪注目維殷登東皋而遠眺十目所視信嚴於十手所指也同井者既由出入而守矣夫防寇豈僅在守乎守於前復守於後守不以前後而歧嚮顧守之雖嚴儆寇來而不先窺其狀則守之適以縱之也守於暫復守於常守不以常暫而易轍顧守之雖固倘寇至而不預睹其情則守之適以敗之也於是升彼墟矣陟彼岡兮視所以而觀所由早不越吾垂盼之下崇

墉言訌崇墉仡仡逆而窺亦睨而視俱莫逃吾屬目之中守之外得一法焉非望也乎憶平日之力於田間者或望婦子之來饁或望田畯之至喜屬望亦甚殷勤矣茲之望則有異也綢繆於未事之先顧慮於無事之日亦若無此一望守猶慮其疏有此一望守更覺其密也秉彼垝垣以望復關焉可矣憶平日之籌於隴畔者或望方苞之有慶或望蟊賊之無災繫望亦甚劬勞矣茲之望則有殊也與其臨寇而倉皇曷若防寇於微密亦若望在於守先其望不失之躁望在於守後其望不失之遲也壟斷而登以左右望焉可矣其或望之於晝與載芟載柞之餘伸首於南畝或耘或耔之暇寓目於西疇望為防患之至計雖偶然輟耕何害也況寇之望我久矣安知不因我之一望而漸

消其覬覦也乎其或望之於夜與衆星輝之爛遠矚而得其情形借月出之光高瞻而察其虛實望為寇亂之要圖雖坐以待旦何妨也况盜之望我密矣安知不由我之一望而早泯其窺伺也乎繼守而為望同并之相助如此

望字切定同并抱守字尤為法密機圓

粒米

楊華集　來宗敏

觀稷於樂歲即粒米可見矣夫粒米固非可易視也然彼樂歲之民誰復計此數乎龍子故論貢法而念及之且自水土既平而後烝民乃粒禹之明德遠矣則是以作貢也四百里粟五百里米以則壤而定中邦之賦抑亦有其專厥利者乎而不知當日之立制後人猶有議其獘如龍子者以為貢之不善以其校數歲之中為常也吾得即樂歲以驗之平秩而有成矣百室開而慶如墉者亦復如櫛則茨粱所積已共欣九穀六米之多矣夫田而既稷矣千倉積而觀如京者亦復如坻則頡粟所登且共慶一稃二米之瑞吾嘗讀思文之詩曰粒我烝民莫匪爾極則

粒米固人所甚重也而豈所論於樂歲哉夫米而徒以粒見散之亦不過升斗之儲所謂朝一溢米暮一溢米者即此也第思前日者彼無遺秉此無滯穗不特無四鬴之充三鬴之充并無二鬴之充即使叩人門戶誰能相貸以斗筲則當壺之堪虞貧士既不免百里之負即巧婦亦難為一夕之炊謀粒食於人衆拮据惟艱而安得忽乎此米也然米而既以粒見聚之亦何止釜鍾之積所謂穀石得米六斗為糲穀石得米五斗為糳者皆此也第念今日者我倉既盈我庾惟億不特有三年之蓄六年之蓄且有九年之蓄當其偫我囷倉早覺不窮於擔石則當豐盈共慶農人將預為三月之舂即豪士亦何惜一囷之贈藐稱米於太倉取携甚便而亦何有乎其粒也吾思自天降康即維

魚之譽雖據則自經作訛成易以來其為粒米也綦難而樂歲時不知也不必節之務而幾同粟之秕則粒米也亦且不知其米也以為吾甫田之所取者其翹十千抑既秋不穫則維禽之饗可廣況自經舂揄揉簸而復其為粒米也更重而樂歲時何知也但見新之升而幾忘舊之沒則粒米也而亦誰計其粒也以為吾高廩之所藏者自有萬億舂不停於廩下穫尚滯於田閭但見可聚為山而安問粒粒之皆辛苦炊已足於黃粱積更多矣紅粟久覺可棄於地而遑惜穰穰之盡陳因則狼戾固多也雖多敢不為詹而乃必拘其常數耶

曾子曰戒之　三句　　徐日久

大賢之要誡而重其危於一身焉夫人不戒於出而不能不戒於反至受其反昔何人乎則曾子之訓不可不重也已孟子之意謂天下勢而已矣上下之勢重則邦鄰敢言也而有時乎報施之勢重則上下弗暇計矣昔曾子以反躬之實心平觀乎出入之實然的戒之哉其人情之不可忽也戒之哉其怨易者之不可以久也隨天下之終始要操夕暫殊致而一出一反雖[illegible]發其無節隨人有可忽有不可忽事有可知有不可知而爾受爾施非有期而自聖當其始也天地之大鬼神之威萬世之議不能禁其出也誤

起講以曰戒不任下之

謂易發諸

心得意之事爾為主焉而耳所不聞目所不見必不肯顧矣其官也天地息之鬼神禍之萬世花之未必有加於其反也不快心得意之狀爾試念之而所聞於爾所見於爾者其即是物矣反爾之時未必在出爾之日於是有忽其始而未肯甘心者矣不知天下銖銖閒之禍其動是發機也自不能不揚於循環之際反爾之心又未必即出爾之心間亦有覺其悖而未能自悔者矣不知天下之禍遲必大其蘊是胚胎也自不能復測其究竟之終是以庸愚之快意當前者不免為庸愚所笑而豪傑之分明恩怨者旋後為豪傑之資明君若戒之一念為足以消人情之險巇而階其身於

名言可書大觀

無患也哉反乎天下乃戒者之少也至當其反而尚未悟也嗚呼則無謂民愚矣

劇言苦句不如淡語數語足以驚心動魄蓋情至理足不假雕飾而遒篇詞句遒邁亦復似箴似銘　徐大臨

易作熱心語如此乃能持論也後半頗似為調停黨禍而發與殘慢稽寛遝不越下二句卻不能不服其精深議紅丸者惜未得聞之也

曾皙曰夫三子者之言何如　謝錄　淳安　方越年　風亭

復以同人之言為質者見猶有所局也夫三子之言點豈猶未之察乎乃復以是為請焉何哉昔者二三子侍坐於夫子而子不知其何如也爰誘之以言維時有率爾對者固不待子之以何如問

（[illegible]立其言不讓之案）

也嗣是而問求以何如問赤以何如并問點以何如至於次第起

（為何如二字養源）

對諸子之言畢而諸子之言之何如子固已聞而知之矣雖微子而已即諸子亦互聞而知之而曾皙之不出而後何為者意者其以與點問耶則將曰點之言何如也而深嘉與予乃忽有別於同豈意者其以吾與點問耶則將曰子之言何如也而咏月吟風乃

（折入曾皙）（先開）

會課　論語　鼇山書院

忽致深其獨契胡皆不出此而作而言者則曰夫三子者之言何如大抵學者之質疑也疑固有所屬然亦不必便指而廣引其人以相參蓋以吾之所廣引者於中稍有參差焉而其疑已析矣夫

二比合

若非各言其志即哂由可不問

黙之不并三子而疑之可知也而抑若并三子而疑之也學者之

只疑哂由耳

辨惑也惑亦有所專然又不必單陳而泥舉其說以相質蓋以吾之所泥舉者於中略有彼此焉而其惑已解矣夫黙之不因三子

析之言二字作一層以對下其言

又開

之言而滋惑可知也而抑若并三子之言而惑之也一兵農與禮樂

為三子者三字尋源

翰入題句不費手

殊科而三子者之撰黙早併之為一例夫必心知其言為何如而後人不區以別也則合諸前此意中之所詳而此問幾為贅談歟

淅以陳詞有序而三子者之出無端乃發軔一時想亦自審其言（天然有而今三子者可據）
之何如而遂以不介而孚也則準諸今此日中之所見而此問亦（意中目中用字精細）
為繁詞中心疑者其詞枝夫三子者之言而豈有所枝哉然正唯（比合）
無所枝而疑端愈起所謂文見於此義起於彼也一群言之淆裹諸
聖夫三子者之言而豈有所淆哉然正惟無所淆而折衷倍難所
謂將有其末必先錄其本也迨至夫子曰各言其志而哂由之問
乃不得不發矣

欲問哂由乃問三子所謂以樂出撇拙者為之則如尾生抱柱
矣然又不欲露斧鑿痕看此文動刀甚微皖皖無迹處

會課　論語　巖山書院

曾皙曰夫　由也

陳　光

狂士兩有所論將以證已志也夫三子之言點聞之矣子晒由點見之矣兩取而論之豈無故哉且天下澈跳功名之士見有情深於用世者輙不復求其所以蓋其識既曠其心遂浮也吾茲有異於曾皙之後而有言也春風沂水之志既有萬物一體之概而流連贊嘆之音非若點然微笑之旨點狂者也亦可相忘於機耳而乃問三子之言既得各言其志之說而又論晒由之故亦獨何哉點蓋見夫三子之各負其能而有待於將來誠不若已之隨遇而安而自樂其見在而又見夫已之志行之于世莫宗于之日固

辨闊音來

擧止雅淡

總挈得老到

浩浩其自得而三子之志施之於世有知我之時亦恢恢其有餘子而莫贊一詞矣豈勳猷顯灼不足見長乎而獨契吾言矣豈兵農禮樂俱屬可已一新衆于夫子之說則可以三子之志驗已之志而得其要歸乃子既不與深言則烏知夫已之志必參三子而用其實學中有疑而未啟口欲淵而誠難哂由之問猶然初問之心

筆戟

也獨是曾晳狂者也何有心如是哉蓋天下高明之人恒有不可

玉色金聲

一世之槩而一聆聖人之言論遂不覺裁狂簡而靜探其原天下曠達之人恒有浩然物外之思而一親聖人之舉動遂一一化去元虛而細求其實蓋兩觀於曾晳之問而可以見曾晳之心矣

評

識路題巔故探題蹊我絕無尋行數墨之態合觀四比集味沉學字句堅峭俱不似風簷急就者得之英年尤屬可喜鳳凰芝草賢愚皆以為美 瑞京評

鍊篇鍊股又能一氣呵成刀剪不斷固是風根儷同人先生立身題上故能鑄两僧為一片具匠石費風流未遠庭聞

曾晳後曾晳曰　　　　王步青

誌所與者之獨後子固不忘乎與也夫亦知晳之所以後所以為偶而後焉耳已而知其非徒後也故諦觀而誌之且吾觀天下之作心人皆世之所謂無心者也蓋不獨進退之度不欲先人而意言之間時留不盡如曾晳真可與焉喬曰者喟然之歎方殷三子之此遽出其為點愉與點之故耶則晳以無心得者三子亦以有心得固宜偕晳而出也其為不欲深求與點之故耶則三子以無心去者晳豈必以有心留亦可偕三子而出矣後何為者也人情過一相知之人斯吐之惟恐不盡而非可概於吾師談一相猜之

小題家法作倒映有波瀾入江之妙

見則嚮之離以爲憂而豈所疑於函丈曾晳之後或亦偶而後焉

從佗一戰

再讀

耳且其侍也後於由矣其言也後於求赤矣則其出也奚而不後

矣小乎先安之頻一夫子在

猶時夫子日從之餘既陶然以自適神遊所至且獨喻而忘言語

水雨絕風聲妄語

臺靜觀良久而但見一堂之上鄉焉如有亡者曾晳也儼乎若有

思者曾晳也蓋天下有心之意象以無心者遇之而其趣彌真而

罕服點孰能如神旅露瓜

無心之境合自有心者索之而其機轉隱吾不知晳之貝與其莫

逆於心而低徊不能去與抑輾轉於中而悱悱不自克與不要以

徐徐落下

斯時人出我止吾未見其能默而息也氣矜之隆固其胸中所不

疾而不疾不徐之致至是愈覺其安詳一頓瞻之態亦眞風昔所無

肅而欲吐欲茹之思此際益形其慎重夫人第謂前之後也寧若示無言之撰如將傳既希之音晤對之時所見無非曾晳耳而不知前此所言之獨後固非汲汲於人知余茲所後之欲言正復斤斤於吾與商略之情意中蓋不獨有一曾晳矣吾黨所為諦而觀之知晳固有心人而於天子之與終未能相悅以辭焉則以其猶有人之見者存也

刀根

就上句翻下句就下句看上句文彩雙鸞央裁為合歡被巧為此影結不解之緣　方受訓

益花淨紅錢烟擦青此境止可靜會難以言傳　若林

此章叙記之妙。如看龍眼白描。愈入細愈入玄。即如本題曾皙曰三字。使直接三子者出曾皙之後。自不待言。却是作此兩重書法。蓋以上文已結三子。下乃曾皙未能豁然於夫子之與。而欲借三子以微探其故。故於既出之後。未言之前。然有停頓。雖氣象從容。與鼓瑟時無異。然此間不免著意矣。記者欲與人觀破而難以言傳。故書法定須乃爾。文太特曲体不傳之妙。

曾晳後曾晳曰　雍正癸卯　王步青　漢階

誌所與者之獨後、固不忘乎與也、夫不知晳之所以後、則以為偶而後焉耳已、而知其非徒後也、故諦觀而誌之、且吾觀天下之（說當點）（即坐轉妙即擒奔縱逆入故不凌上）有心人皆世之所謂無心者也、蓋不獨進退之際不欲先人而意（四語分照）言之間時留不盡、如曾晳真可畏焉、當日者喟然之與、方啟三子之徒、遽出其為點輸與點之故耶、則晳以無心得者三子亦以有（二比反提後字）心得、固宜偕晳而出也、其為不欲深求與點之故耶、則三子亦無（隨、點、隨、翻、）心去者晳豈必以有心留、亦可偕三子而出矣、而移何為者也、人情（倒影回字神注下敘白用其終情着紙彩花）過一相知之人、斯吐之惟恐不盡、而非可概于吾師模一相猜之

見則嚮之翻以為憂而豈所赦于函丈曾晳之後或亦偶而後焉　方激下句
耳且其待也後于由矣其言也後于求赤矣則其出也奚而不後
原評究中究亥頓一失子存
誅時夫子目送之餘既陶然以自適神遊所至且獨愉而忘言吾
摹神外葉原評木面同風聚落花
黨靜觀良久而但見一堂之上卿焉如有亡者曾晳也儼乎若有
思者曾晳也蓋天下有心之意象以無心者遇之而其趣彌真而
空中下拳孫出白字之隨
無心之契合自有心者索之而其機轉隱吾不知晳之見與果莫
淡于心而低徊不能去與掃蹤轉于中而忭忭不見克與而要以　小落下句
對摹寫
斯時人出我止吾未見其能默而息也氣矜之隆固其胸中所不
滌而不疾不徐之致至是愈覺其妙詳頤瞻之態亦其度昔所無

觜而欲吐欲茹之思此際益形其慎重夫人第謂晳之後也茲若（總敘一段標出後）（字曰字略以然然歸到吾與便為下敘節緝起目光細也）示無言之撰如將傳既布之音晤對之時所見無非曾晳耳而不知前此所言之獨後固非汲汲于人知今茲所後之欲言正復亦（村點生情）（原評起下卻包釦題）于吾與商畧之情意中兼不獨有一曾晳矣吾黨所為論而觀之知晳固有心人而于夫子之與終未能相悅以解焉則以其獨有人之見者存也

就上句翻下句就下句看上句文彩賁鷟鷟藏為合歛誠巧為

此題結不解之緣　方文輈

盆花浮紅篆烟嫋青此境止可靜會難以言傳　王汝林

手揮絲桐目送歸鴻機神流利有官止神行之妙江翰貽

曾督後　王

二〇曾晳後

張壽朋

猶以身留者遺世之想未融也夫坐則偕坐亦出則偕出耳曾晳胡爲乎後哉且當夫子用世之問而手自悠然與瑟間止也身自熙然與春潛蕩也晳其真遺世而一無所留意者乎顧三子出矣方且爲之躊躕方且爲之徘徊豈其詠者可以歸而言者未可以出耶於彼有留於言之外者尚未竟於夫子所與之中也胡夫子問及之而故辭以撰之異胡夫子與之矣而出又不與三子同耶嘗聞漠然與世無當者影未移而心先往蓋吾猶喪我況於人境之堪澤亦閒脫然以身爲寄者來若游而去若浮蓋情無所鍾更

（有神致）（無意不到）（逐層翻進逐層頂）

即在前乎春瀋篤

何轉念之有待誠怪乎暮春之數言為時幾何而若無意者一點

即在前与瑟希止

也旋若有意者又一點也竊臆乎鼓瑟之一人自有領致而身共

在人後者趣或在人先也乃後慘慘於三子之所言夫子之所哂

一句激放中二股意

不哂別其偶然遺世者果羲皇以上人哉

高雅鄭謙止

只就後字輕淺翻弄已反透出浴沂初非遺世本自脈縷[illegible]

逐細味並嘆其用意用筆之妙

曾晳後

安徽梁學臺歲試
歙縣學一等一名 程世錞

誌賢者之獨後、有不遽出者在也、夫曾晳何以後、以三子者之出而見其後也、殆有不欲遽出者耶、且儒者信心之候、固即證心之候也、而正惟含意之將申、轉若深情之有待、迹其徘徊未去、欲往仍留、正可即群烏息業之餘、一覘其容止而衷懷之獨結、每流露於旁觀心目中也、諸賢言志、子獨與點、而三子者出、已夫人有嘉嘆方深、赩然於促膝抒懷之表、則緘示無言、若以易退者明相對之、已釋然也、是先出者宜在曾晳、而不在三子、人有挾持盡露未獲乎先生長者之訓、則息念相參、猶欲以遜退者見慤足之未

落筆

渾然

點睛

局借俯

歆讚也是未出者宜在三子而不在曾晳而曾晳何以後也蓋夫
象○容○照○備○思○可○餘○態
子之無行不與也三子與點同遊於夫子之天而不及覺而見淺
見深各如其虛往實歸之願而夫子之無入不得也點於三子悠
然有獨契之真而不敢知而浩乎浩乎莫名其廣大徬徨之意點
其○異○傲○宕
所以目送三子而又情深夫子也乎想其於懷高寄何嘗廢道德
以薄勲名而其默吟乎同儕之緒論者神明意用之間別有關心
而焉能漠然於辭畢之會乎點之後所謂同中見異也常間弗越
長揖者降等而趨琴韵知存與師者斯階而娭點於此益不勝低
徊已聊其矢志蕭閒直將通天地而觀民物而共其深領乎至人之

嘉許者性情晤語之緣轉難遣愁而何能淡然於少間之時乎點
之後又所謂與中見異也言猶在耳結想異日之遭逢跡不相謀
（時在前人不見）
偏永同堂之氣象點於此益尚涵懷抱已然則當幾鼓瑟不妨往
（收點諸綱）
復以寄餘情也吾意春風沂水獨點三子詢自其衷繫行樂屬其
後者歟友朋師弟之懷依依可按而過境又成轉境之流連此際
之几席殷然不猶是真機之流溢哉然而心悟指陳未敢躋躋以
矜滿志也吾意禮樂兵農群先發問以抒其蘊豈有心於後者
（安情如求撈似引來不可止）
歟上下同流之妙慨焉在獨而得言表縈意旨之意致此際之精
神愈遠不轉歸嚮艷於精深哉蓋自三子既出而三子之志乃白

曾晳之志亦白矣。惟後故也。從後字一時情景。擬出瓊樓玉宇。無一語不凌空起步。此之謂畧貌取神。　原評

靈瑩一點。觸後成春。要只從上下文取脉。故寫後字無一俗筆。

曉景蓀

曾晳後　程

深則厲　難矣

辛未　周澧

適於情者忘於世、聖人歎為無難焉、夫淺厲淺揭、荷蕢引以諷孔子、而不知其失於衆也、子以為無難、寧忍適情以忘世乎、且夫世運之遷流、衆人因之、而聖人挽之、此亦難易之較（緊扣）然者矣、而決于一往者、知涉世之無事成心、而不知濟物之無容恝置、則其所謂順適乎情者、乃其所以忘情于世、（氣清詞達）而今舉世皆為其易、一人獨攜其難、宜乎易世之心、終不入逃虛之耳也、子之可已而不已也、子殆有不能已于世者也、（光華）甚矣其難也、而知曰已而已焉、則潛濶其可指耶、是滔〻之皆是也、就其深矣、而何病乎之子之無服求濟其可問耶是涓涓之不絕也就其淺矣而豈必緣愚我而塞棠梵（赤城香爐瀑布飛流）有苦葉之詞宜倚蕢者引以諷我夫子也今夫人于情之所不忍者斯不覺轉輾而生其眷戀天時人事之窮誰為大川之利涉者乎其忍之乎世路之通塞不可知我以心遊其外焉方嘆悲憫者（真氣直逵）殊為多事也則不忍者之所枯槁即忍為者之所恬適而縱心而自謂無患無乃寡恩而戕其孤往欲人于責之所莫諉者斯不覺（打入心坎）瞻顧而艱于去就天地生人之計非欲予往而共濟者乎其諉之乎世途之往復不可知吾不以身入其中焉方笑荷負者殊太自苦也則莫諉者之所與激昂即諉焉者之所自暇逸而歸志而總

深則厲 難矣（論語） 周湮

彼人舉無乃潔己而忘其吾與歟子曰果哉未之難矣甚矣夫子之心異乎荷蕢之心也且夫子亦爲其難者耳彈何必以窮年究何必以累世半生轍迹數被當途之譏詠乃至小試可鳴而救（聲○倩○餘○憾）（左○貴○）童後婦之間又未嘗輕以其身一擲此亦難矣不然而流可隨也（左○椿○）波可揭也斷然長往而曰此爲不凝滯于物者不太計之便乎辟人不知其何術辟世不識其何心歲月風塵數來高蹈之譏訶乃至大行無望而傷麟嘆鳳之身仍未嘗輕以其具自藏此又難矣不然而川莫能障也淵莫與迴也悍焉不顧而曰此能與物推移者不既知之熟乎嗟夫方自擬于沉淵忽謂有心以堅確聊矢音

于援溺莫回果者以衷思然吾竊謂深厲淺揭出處之道存焉而非非果者所可託也

獨於接縫處大著精神兩上下截自傾成鉄尤愛其筆情洒滿無一點塵芬濯濯如王恭柳也　殷會唐

正面不衆衍一句都從題外館題而題之神情覺非此不肖心手俱超　紀曉嵐

妙語　陽

密

金吳源

密亦智之一端也、亦咸其為至聖之密而已、夫天下未有不密而可以言智者也、然苟非至聖則其密也、亦易量耳、且天下有小智焉務為煩苛好為纖悉而不勝其擾擾也、彼其人豈不自以為能密哉、而自我觀之、反不若節目疎闊者之猶能不失乎大體也、而至聖不然、則豈獨于文理二者見其有智之德乎、吾又見至聖之密矣、今夫事物之美何窮、莫不由疎而漏、則彌縫烏容已乎、若至聖則寔有其無可漏而正非以彌縫為密也、事中之變何盡、要皆伺隙而乘、則防維曷可少乎、若至聖則寔有其無可乘而亦非以防維為密也、慮之過

（只說別人身○上）

（反論○密字題界○既清又不費尽所○謂急以○論題寬以象寫也○）

（二比）

（從有之相○似者則此見聖○之密之不同）

乎一已者其爲家猶可幾也而首出之才當以一心而運乎四海九

州之遠彼此何嘗揣合人情熟探世故而要其曲成不遺者雖端擧

世之籌畫而總無加乎盡矣其于天下殆無遺慮也夫至合天下而

無遺慮而乃爲至聖之家也計之出于一時者其爲家猶易至也而

開創之君當于一日而備前古後今之謨彼此何嘗逆料成敗預規

趨避而要其範圍不過者雖極後人之神明而悉無待乎補救其于

萬世殆無遺計也夫必歷萬世而無遺計而乃爲至聖之家也是何

前二比安頓○名○分○而○孔○子○二○比○推○原○所○以○能○富○之○故　揭本生知說

也蓋天下慮事之計畧乃視其耳目之所及以爲程人情孰不欲務

乎詳然而聰若然之明若揆之則即竭審度之勞而亦僅得乎其畧

若至聖以聰無不聞明無不見之姿而貫乎斯事之始終則亦安有不得其詳者哉天下處事之精粗又視其心思之所至以為量人情孰不欲究其精然而睿有未通智有未盡則即盡圖謀之力而亦僅
詳密從橫說貼聰明精密淺直說貼睿智用意用筆嚾
得乎其粗若至聖以睿無不照智無不周之質而窮乎此事之曲折
甚
則亦安有不究其精者哉此至聖之所以為密也而誰其及之

題止上一字頗為枯窘然題雖枯窘必有來踪去路必有反面對面作者能善搜尋而次第運之則一層自有一層話頭一層自有一層生發何患題徑之不曲折舒長此文小講以似密而非密者振起提比以雖密而非至聖之密者作襯中比緊切至聖身分于極

利識小晤其雅耕　中庸　察

雖察處見其察後比又從聰明睿知推出所以能察之故波瀾何

等此潤識論何等開歛若不解此法雖遇此竟將題緒一口道盡

則重床疊屋矣況枯窘題乎

密

金吴源

密亦智之一徵也、亦成其為至聖之密而已、夫天下未有不密而真
以言智者也、然苟非至聖、則其密也亦易量耳、且天下有小智焉、務
為煩苛好為之慝而不勝其擾擾也、彼其人豈不自以為能密哉、而
自我觀之、反不若節目疏闊者之猶能不失乎大體也、而至聖不然
則豈獨于文理二者見其有智之德乎哉、見至聖之密矣、今夫智
原評刻劉
中之美何窮哉、由疏而
烏容已乎、若至聖則實
日、漏而正非以彌縫為密也、事中之幾何盡要皆伺隙而乘
少乎若
其無可乘而更非以防維

一己者其　為機循可覔也而首出之[illegible]以一　乎

原評

刊之遠彼亦何嘗揣合人情熟深世故而要其曲成不遺者

世之籌畫而於之加乎盡善其於天下殆無遺慮也夫至今

無遺慮而[illegible]至聖之密也計之出于一時者其為密猶易至也

闈劃之君嘗于一日而備前古後今之謨彼亦何豈逆料成敗預規

其歷而要其範圍不過者雖極後今之神明而總無待乎補救其于

萬世而無遺計也夫必歷萬世而無遺計而乃為至聖之密也是何

原評[illegible]比推原所以能[illegible]故[illegible]知且

也蓋天下應事之詳　要視其耳目之所及[illegible]情勢不欲務

衰[illegible]

王[illegible]詳然而聽若然之[illegible]然之[illegible]即謁審度之勞而亦僅[illegible]

密

秦芝田

有不畧于心者亦至聖々々之德也夫心有所畧何以臨々下也乃至
耶之能密非其智之德則然乎且臨天下者似無穷事々而求之也
使事々而求之以為所慮之無弗周而于天下不勝勞矣然以簡畧
之心出之徃々鄰于怠忽而不足以為德之至此古帝王于夙夜之
中而單于宥密者有非尋常所可及也如至聖智之德即文與理有
然々以彼燦然之々々固無在而可掩也顧天下雖不得議吾之瞭
簡也得議吾之疎而弗進以精詳可乎以彼秩然而理々固未嘗於所
奈以以天下雖不待謂吾之求濟循得謂吾之太畧而弗加之審者々

乙酉衛書小題　中庸

可千忘矣臨天下者又貴乎容也清淨之玄作之樂言簡要以為臨天下而操之甚約何事過用其心哉然循簡要之說遂有畧而未詳者故嘗見其心之有所間也若至聖智之所及必無一隙之或留即欲求其間而寧彼有許間乎所謂詳密于無間者此也英雄之君祛往自處潤達以為臨天下而持之甚大何事縣用其心哉然任潤達之際遂有類而未精者故止見其心之有所遺也若至聖智之所居必無纖悉之不入即欲求其遺而寧尚有所遺乎所謂細密于無遺者此也然密非徒存乎一念也人周有舉其大而忘其[illegible]謹其微而失其鉅者皆不足云密也一聖之有充周于周外者意者即其聽

明之所屆耶夫聰明之所屆而亦此乎其周也將以為退藏之密歟而
亦何歟矣抑密人非從在于一時也人固有慎于終而忽于始持于
暫而畧于久亦不足云密也至聖之密有綿邈乎無窮者意者即其
睿知之所通耶夫睿知之所通而如此乎其遠也故以為基命之難
所亦何難矣蓋惟密而文之燦著者自不同于緣飾亦惟密而理之
要分者更不慮其紛紜密于科條則處苛遽以擾天下密于居心則
精詳乃以周萬物而況至聖智之德則又不止此也
極理致顯又極密仄文獨精義層發無一字籠統蒙混原評云辨
真所從生而推之至于其所終極可謂洗刷無餘 帶奚木

將之楚　復見孟子

華華雋　邵鴻章

詳誌往反之地、爲滕儲□過宋世子弋之見孟子矣、闡性善堯舜之說、反而復見□於見賢如是、昔□齊見宣王、之梁見惠王、復見襄王、其言或□耳、乃若交鄰脩玉帛、先汲汲於親賢而反諦□□孝秋請謁、然後嘆道之遠、始終不□大始以大臣所非、不其亦相見恨晚耶、當滕文公爲世子時、孟子□滕也、世子即悔、不往復而□青宮自守、斷難越境以外交、世子即意切再三、而素履獨□難過都而受業、雖孟子之緒論、闡亦聞稱道於人、而未見君子何以詠緇衣歌杕杜乎、宜其奉命將之楚、先過宋而見孟子云、今夫楚

地方五千里與宋為仇且楚為滕患宋不足為滕患世子而將
楚所見若楚之君復何論乎宋君所見若楚之臣復何論乎宋
臣然而世子之目中有楚世子之意中有宋其心乎宋者其心乎
孟子也於是來驅鄒邾之東先駕睢陽之轍未泛瀟湘之楫先來
濟水之舟計西南行三百餘里始達宋都因論孟子假館處殷勤
以禮進謁一見如舊相識談論累日蓋相得歡甚獨是世子承
父命為之楚計不得久在宋也雖親孟子之模範見所未見聆
子之訓誨聞所未聞大率道性善必稱堯舜以貫之世子[illegible]此若
憀然思若爽然失欲久駐行蹤而從事不可復續欲深探[illegible]緒而
使命不可復延乃發彭城乃過逼陽乃涉漢水乃底方城沿途之
風景未暇關心歸路之話尤未遑宣蓋自聞性善之說堯舜之

旨身在楚心在宋無日不神在孟子之人也而復見始有不能
自已者歟顧吾聞洞庭之區雲夢之野往往有騷人遷士澤畔行
吟豈世子之楚而未之見乎抑觀射父之徒左史倚相之流也
博物君子其遺乎雖然猶有存者豈世子於楚而反亦未之
耶不謂世子之門無楚也有宋而世子之中并無宋也有求
子且其反而復之是非餓倫以賤之備小廣詔吏籍樂正
公滕之輩介紹也就見遂盡付之講幄重承吾意孟子必推手
道哉何況楚國近事甚否則於惟身之說先聖之旨此外或又有
所從明廉不虛此再見乎豈意孟子之進仍其疑要無以易初說也

將行仁政選擇　必勉之　文組集　葉萼梅

且仁澤之欲究而卒不下究也不必推行之無政半由奉行之無人國家為民設官非不鄭重低徊冀仁恩之普被乃膺其任者往往視為具文否則徇於私意而怠玩遂不堪言吾為子慕亦惟體念乎愛養之意慎持夫興革之機深思夫簡畀之隆以竭盡其馳驅之力焉斯已矣子問井地而念及子之君誠以子之君本吾力行新國之言先子而勉勉焉者非他也固仁政也夫仁政也滕非將行之乎從來廊廟之經營惟此然者為最可幸當其時倡之者無壯安之念和之者有鼓舞之思發奮為雄志氣清而才力振才力振而瞻顧除數十世之積衰即古制云亡有不難興於旦夕者

此仁澤所以旁流也可幸也從來朝廷之創建又惟將然者為最可危當其時主之者以復古為難輔之者無成規可守前瞻後顧慎重甚而疑慮生疑慮生而訾議起數百年之善舉即大綱已立竟或有敗於垂成者此仁風所以難播也可危也然則仁政固未易遽勉以圖乎且夫將行不行之故其弊有二有切於仁民之念而大猷所布事事必欲躬親謂羣下悉屬不材未堪拔擢謂臣下皆難見信恐竊威權此不選擇而無所使者雖欲勉焉而不得也而非所例於吾子也有急於仁民之心而委任不專人人皆思倚畀或事權分寄而掣肘起於同官或賢否不分而折足議夫覆餗此無選擇而泛為使者又欲勉焉而不能也更非所例於吾子也選擇使吾仁政之行將於子是賴矣可不勉哉受重任於朝廷而

委諸草莽稍知忠愛必無若是之臣竊第恐政當改革之初積習太深外慮權豪之憤怒恩情難割內從親友之營求將竭蹶從公雖有仁心而不能達試思枚卜以命之臨軒以策之此意何如隆重也而忍負之乎鄉閭義産所關苟屬分所應爲整飭不辭嫌怨又況仁政之興廢繫乎其機者甚大哉膺簡書於君父而視等弁髦具有人心豈竟生成之自外第恐政當因循既久驟爲更變致功既苦難虛與委蛇報效儘堪塞責將鹵莽從事即有仁聞而究無裨試思拔之於庸衆任之爲股肱此事果誰爲旁貸也而敢忘之乎戚里先疇見託苟實爲負屈處斷未敢模稜又況仁政之規爲關夫通國所仰慕哉

將為野人焉 請野

西湖書院一名 李仲培

繼君子而計及野人請法周官之經野焉夫野人者繼君子而必有者也觀於莫治莫養而經野之法何姑請法周官耶且周禮有三農之職不徒專設六官誠以偏關良難故冢宰首謀經野也蓋有可必者編氓食力非僅官常官屬之分而有所願者經畫深心首在為縣為都之策勞力者其林林矣而均土任民與設官分職按其法而不能偏廢者亦稽其國而先可一籌也將為君子夫君子者國請命於君而立朝以率野者也試觀司稼有巡野之典縣士有掌野之文一時無治此野人者不得亦與野人焉不得也滕其必有野人乎野人而在都邑歟則編地成圖請按野農之籍勸

吡有令請稽辨野之方地雖小民孔繁矣緬世業於文昭知百族之存無殊百爾野人而在郊甸獻則夫家有數請披野稍之書田萊有經請攷野閭之冊壤雖僻民綦衆矣溯遺封於叔繡知羣黎之重無異羣工有野人焉可由治人之君子而計及矣今夫治人者食於人治於人者食人不可闕也不然而周官無三百六十屬則田野之策盡誰施地官無七十有九人則祿馭之取資奚藉也令子大夫請君行瀍其亦聞大司徒本十二教治民即辨十二壤之物各以其野之宜以名其野乎其亦聞小司徒稽四郊都鄙之數經土地而牧其田野乎吾請子訪載師任土之制而野向先籌吾請子攷均人均地之規而野郊釐訂是吾所請籌者首在於野也[illegible]邦小者野亦無多既異封疆五百里封疆四百里各饒野沃

土之勢則野似無煩請度者然而都鄙有遺封溝仍詳地事可經都並紀定式良可遵矣在吾也夙願方深雖所請者不僅郊閭之籌畫而問周家之遺制願野人首服先疇亦溯考工之成規願君子無忘舊尺也其庶幾履郊原而勤擘畫也哉謂野遠者謀堪少緩何以縣正掌其縣鄙師掌其鄙各盡任民治野之經則野實亟宜請理者況夫山澤虞衡列諸九職縣疆稍甸各有分司遺規良可倣矣在吾也深懷綦切雖所請者非為隰畛之經營而稽土均之司願野人咸遵地守亦訂匠人之濬願君子同襲古風也其庶幾度原隰而勤經理也哉九一而助斯野人益切服田亦君子不聞厚斂也若夫國中未可概施乎

陳司敗問　全章　大題　吳振蛟

外臣欲覈禮于君聖人所願受過也夫當臣子之前而覈其君于無可逃將何所置對知禮之稱誠願受其過耳安得而不冀乎今論者輒曰聖人無過聖人誠無過也然吾謂惟聖人能受過苟于君父之大禮教之重而欲置身無過之地則聖人之過多矣魯昭公素以知禮稱而乃有娶吳一事公抱慚而為之彌縫諱而飾之婚媾聘儀他邦竊笑欲同敗問不敢謂公之有當于禮也而陳司敗問則不得不以公為知禮何也譏嫌上及其君父則斷斷焉為臣子之禮既剌弗詳其事寔則君過無可掩之端謂公知禮非謂娶吳者為知禮也謂

（擒題字一氣併從）（從題捺來作曲寸筆）（側機在前便接下縈迴綠窠）（吞吐好）（先斷句不得不）（一頓）（又一層）（所以為聖人之過）

司敗彼悉

娶吳為禮識過謂公知禮則非過也不爲一言而退孔子蓋默然矣

揆之逆其衡靈敏縱峭以告之句俱作史乎筆

而司敗且曰君子黨也巫馬期曰司敗且謂夫子黨也夫君子何心

言四句以舒文勢凡素俱于可刪可留處見其神財之假也

于黨而此時則安得不黨乎夫子何有于過而此時則安得無過乎

在巫馬期以告之下子曰苟有過之下將全題精神微摸排

今既使子冒黨同之譏而求自白也者然而何忍白也國家有難

前兩大比眼目少成反覆詳咏之此處不學史家斷制下筆到

諱之事君父安得全其名過不在于則在昭公惡已于過而庶以護

前此從昭公說起此從司敗說起

君也過此隱衷所由自懷者乎今又能使子受冒禮之誚而無容飾

辭也者然而何敢辭也異邦有好事之臣吾儕安所逃其咎過在黨

將君有禮二意兼到所以要住題旨遂中紮起顏承頃

君則君過仍在君已于過而萬不能顯居之過此中心終離釋然者

題只敘則全副不露矣

斷入始終只一意處人

乎一覽乎人何能知乎亦何能知乎之過吾子當知禮之對已自知過

自優耳素性拘禮欲明即以聖人交始而司敗之

矣禮有之君子居是邦不非其大夫況其君乎司敗之言適見其不

罪自引矣

知禮已耳

舉題每在題之夾縫裏以書旨樞紐爲文之發揮而通章筋節脉

絡貫串其間貴醒豁而不可以蒙晦貴精嚴而不可以鬆懈者也

至其點題繳題處亦須警渙無一拖筆稚筆呆筆方得

陳司敗問　知禮　　周一松

固問君者而將順之，亦猶行古之道也。夫將順其美，古人之愛君類然，況稱諸異邦，尤宜謹乎。則謂昭公為知禮，固宜曷言乎宜也。即夫子作春秋之義而知之，蓋所宜者有五。可以觀尊親之道焉，可以觀善善之長焉，可以觀所聞之辭焉，可以觀成人之美焉，可以得與人匡言者法焉。大抵不離曲從義，誠以示大順者近是。曷言乎尊親之道也？法不勝情之地，君子於是有取于諱律，以生成之大愛君，以名固可以孝子之道行之朝廷者也。元公之示後人，莫此為重，其志之乎。曷言乎善善之長也？貴義不責惠，君子之所重，公之令名有自來矣。郊勞贈賄，猶膾炙乎晉君之口，深而計之，其短仍在我矣。若子不樂以短自爭，并以予人

同書卒分　上論述而　選集

同書率下　上論述而　遂集下

必變乎刑賞之至者行之曷言乎所聞之辭也至襄昭之世則隱桓為聞矣至哀定之世襄昭獨非聞乎聞遠者聞其疎不聞其舒見遠者察其形不察其貌已往之事君子貴乎存之也曷言乎成人之美也善之可稱不擇其細夫然後可以樂終也威儀之則可以定命因而揚之其亦相助為善乎春秋首言春動陽萌也助成者其大造之德耶曷言乎與人臣言考法也人之愛君誰不如我我欲成美而謂人能已乎且談宗國於外君前且大言之又何有乎陵下暴君以博名非所願也君子以此從已亦以此教人令而後司敗亦可領遠其不敢乎吾國執五者真知禮之對宜然也且陳司敗不可謂不善問也亦不可謂不達春秋義者微其詞隱其事并未嘗執其指以求必而為孔子之地不既

太蔓

寬然乎。所以隨問隨荅。可以相安于兩存也。斯蓋請木之傳。明主所以容廣人有德爵者。不在此例。執簡之書。史臣所以謝天下處旁觀者宜宜有此然則司敗又曷為嘖嘖有後言乎。曰美則歸君。過則歸己。然後直道存也。司敗可謂愛人以禮矣。嗟夫此固春秋之文。散見於魯論者也。得其義而引伸之。王道之正。人倫之紀。舉積此矣。

五段俱於散敘。非正格也。然其氣疏宕而古。曲老吏文無害。此為正之

陳司敗問　周

陳司敗問　全章　　徐孚遠

竊聖人論先君之事、婉而正矣、夫昭公之不終於魯也、蒙惡被於列國有自來矣、豈特娶同姓一事哉、夫子於司敗之譏、直受之、所以存臣道也、且自大義不明、君與臣相較而論其是非、至於失位而以為君之取也、如魯昭公之事是已、夫昭公之攻季氏、非有失德也、不勝而出亡、而諸侯無納之者、於時皆入季氏之賂、以公為不宜納也、其不宜納者何也、以其遠於晉而即於齊、為非禮也、夫內不安於世卿、而外無援於盟主、即何得不亡、亡何得不困哉、於是而季氏出君之罪、可以有辭於天下矣、蓋當時之大夫多有為此言者、如陳司敗者即孔子於朝而公議先君我安知其非季氏之黨哉然其以知禮為辭則公固嘗有知禮之目矣惜其辨於儀而未得禮之大耳禮所以制國不失柄者也今政令在家不能取也烏在其為知禮哉然然之於國政非弱而娶之亦嘗發憤圖之勢不可耳何以知公之欲反政也（洨韶老成）即以其娶於吳知之蓋晉霸衰矣吳於是乎始強公以為外援也君子觀昭之於吳哀之於越重嘆天下之無霸而魯之不能為國也而責之曰曷為娶同姓公固不能自解免也即孔子亦安能為公辭此議哉雖然同敗之言是也其意非也公已失國無後於魯而斷斷焉摘其軼事而深譏之豈非以親媚季氏為之辭耶□子於時明大

義以折之恐有妨於執政而有避于新君故直任以為過而司敗之辨止矣其于諱惡也不亦正而隱乎其於憂患也不亦深而婉乎蓋春秋之旨於是明矣司敗不足論也左氏親受業於孔子而不能無貶辭焉豈亦慮禍自全者耶

春秋之時無左氏則其事若存若亡然其議論譏刺頗為失當大抵諛其強臣而議其孱君豈非獨左氏也論語一書出於孔子之門然佛肸公山皆以叛書佛肸豈真叛晉公山豈真叛魯耶假使家臣必不可以抗大夫則河北三鎮竭力以事叛臣豈皆義士哉孔子當時亦不無隱諱避禍之意所謂所見異詞也後之人不知

勸學初編

其然。而以一時之權詞為不易之定論。失之遠矣。自記

讀左氏不熟。則春秋事跡不明。論古那得有識。急登此種袁以勸學者。

陳司敗 徐

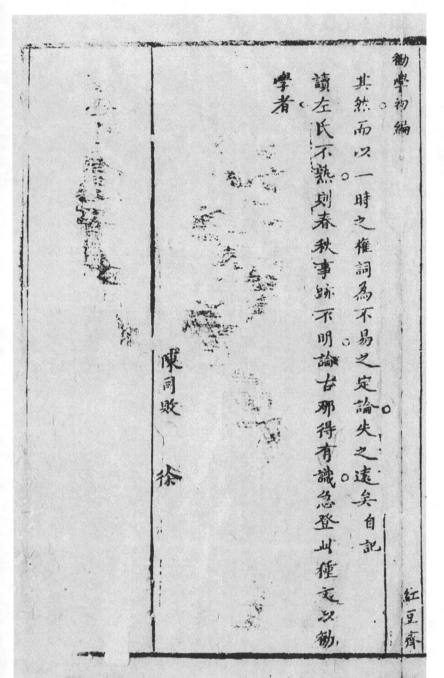

陳司敗問昭公　二節　吉文宗科試同安

李一華第[illegible]名　陳平世

因問而見聖人之尊君。疑君者轉而謂君為夫知禮之對。舉君言
非黨君也。乃司敗舉其背禮者而明詰之。是烏知聖心哉。昔魯昭
公習於威儀之節。藉藉然以知禮聞。此無論為其臣子者無敢異
議。即傳之四方。亦孰則滋疑者哉。有之自陳司敗始。夫司敗固
舉昭公之素。而有疑於昭公之知礼者也。一旦向夫子而致詰。
不露其本意。若以礼教之夙嫻。得聖人之論定。應不同於人云云
亦云。乃夫子即其問而敬對。了不異其言詞。恍謂礼法之固乘來
人也。以稱揚已無不可。即信以傳信。然則司敗以知礼問而子于

以知禮對。斷斷然也。郎司敗或以知禮疑。而子必不敢以不知對
又斷斷然也。噫。斯言也。隨問而答。而周禮之是式。可知並說之非
阿。措語無多。而秉禮之家風。足信素行之無欺。胡孔子退而司敗
且有後言。乃司敗何言。則以夫子為黨君也。夫子何黨君。則以禮
不取同姓。君固犯禮而諱之。子以知禮而許之也。知禮者必無黨
禮。乃一舉其德。幾同於婬。其從姑之誚。知禮者鮮。至違禮。乃則歸
其失似慕。夫帝乙歸妹之占。取於吳而還以孟子諱之。司敗於此。
眞有疑於昭公之知禮矣。孔子雖去。其徒猶在。而何能默默已已。
要之司敗有意問之。夫子無心答之。而簡言達旨。自見臣子之禮

衷夫子深然心之司敗顯然詰之而踰閑蕩檢难免旁观之指摘乃夫子聞巫馬期之告而旋自責焉視向者知礼之对尊君者不愈見其愛君乎

陳司 陳

陳司敗　一章　陳殿桂

邀禮以存國聖人曲為取焉夫昭公時國多難而能以魯存故春秋多恕詞焉如謂同姓一事為君諱豈予事君之正哉魯自成襄以還大邦壓境內有強臣雖時晉實主盟中夏昭二年而如晉也兩朝得見者一如五不得入者四崎嶇強國之間困辱屢矣吳楚雖並大壽夢立句吳始益大稱王餘昧王僚繼嗣馮陵方熾長岸（原作又先言守国之幼為娶）之戰荊旅是距雖父之後七國靡旗終昭之世三十餘年不被兵（吳字乞反　嫂　禹　吝　樟　劝）晉楚亦時尋問好焉豈非吳念婚姻不忍相攻諸國遂困而寢謀乎故娶吳一事不可不原情而論也近者衛女行野憂心荒褰之

詞鄭忽辭婚卒受出奔之禍惟孤弱靡依式微莫振使晉而失亶
引據作策
國之交彼紅蒲之蔑牟夷之愬乎邾不得與盟行人見執起釁以
至大屈懼反楚璽嫚書驕稱齊景其勢孔亟何以圖存公毀一身
可補那爲疏
之令名全周公之土宇保國存祀禮莫大焉如以委曲行權贈賄
媢其儀文郊勞泯其愆戾者為不知禮將束手坐亡殲衆虜於國
又為孟子癸証
門龍旂委於蔓草者為知禮乎夫齊桓雄主嬖姑姊妹九人不嫁
則不嫁矣未聞掩諱也娶於吳而謂孚猶有恥心焉易姓則姓隱
褻禮而礼存且風教而淩夷矣肅雍王姬結縭于僭越之邦嬿婉
河魴同穴于蠻夷之鬼苟推論列國政令之際不得十五焉務闓

之閭不得十一焉如略其所重概從誣詞則公之所喪不惑史遷
訊之令在大夫勿能取有于家焉勿能用女叔齊議之訓誡者矣
（卓見）
童心秋蓬即公亦自悔之何俟舉娶吳為不知禮哉予非徒守為
（更透脫）
君諱過歸己之義也築郎有書卒雩有書小過不隱況事關宮闈
（結到孔子是）
肯阿私以黨歟然深言則不可惟有謝過而已故於公之被執而
（本意）
歸也隱其文曰至無非諒君處勢之艱而自全已足免恥于季孫
之使後如闞也滯而令諸墓所以着臣逐君之罪雖播亡無愧宗
（餘波獨漂不放鬆司敗）
公司敗何人輒生議也雖然孟子之喪季氏不繞放經而拜矣溥
恤外臣哉

薈萃內外傳作曾昭世家何難只證明知禮一對引過一結並為尊者諱四字不足盡聖人妙用也向來評語乃賞其為昭公衍究豈非主賓易位　汪遜之

指陳確鑿於經傳實有會心但見意格瑰奇不更以繁蕪為累骵大思精筆力放縱庶幾無愧斯言　蔡炳炎

陳司敗問　全章　　黃汝亨

聖人稱君而任過、皆禮之自至也。夫禮為尊者諱、而謂娶同姓者為知禮、則誠過也。夫子可謂曲而至矣。蓋禮有各當之則、而聖人有自至之情。君臣之義、男女之別、從來久矣。于吾夫子觀其至焉。魯昭公素有知禮之名、而實有娶同姓非禮之事。司敗疑其事、遂病其名。然而問其名、未嘗明言其事、則稱君善厚也、為君諱禮也。孔子安得而不應之曰知禮哉。不然、禮同姓百世而婚姻不通、孔子豈不知之。君娶于吳、為同姓、而篤言吳孟子。孔子豈不知之、奈何司敗之退而議其後、而以為黨也。然以為尊者諱而目之黨、固不可以娶同姓者為

○婉○而○諷○敬○親○又○摯○具○大○綱○偏○於○意○情○脈○自○色○澤○

敘事○簡○盡

○斷○制○在○此○二○分○

○說○得○道○無○餘○韻○

賓○興○知○字○力○健○完○事

即借○黨○字○轉○出○過○字

知禮而謂之非過亦不可孔子蓋直引以為過而深幸人之知過焉

兩句律令

謂之過則明不與娶同姓者之是而亦不失渊者對昭公知禮之心

此後一句一介監介非治于文定者不能為此絶妙

君臣之義無妨而男女之別自著和而至刜而當並行而不相悖從

緊窄所十兩調無二

心而不踰維者也豈有所覊就于其間亦豈欲博忠孝之名哉蓋宣

在其中矣春秋之義也

短篇未有不用短節者短篇而能用長節貞父先生一人而已

短篇何以能用長節曰其節雖長而一氣奔注之中縱幾句際幾

句其散幾句則一句自為一句其緊幾句則一句可當人千百句

是猶藏短節于長節之中而使之無節而人不之覺也○問從何

陳司敗 黃

既得此句，然後纔從此中來，熟此入，總是百發百中之技

陳良之徒　而自宋之滕　文組集　毛顯誠

記宋人之之滕爲不同異端之徒記也夫辛既爲相之弟并爲良之徒可知矣觀其所負而原其所自不大異於許行哉昔孟子垂滕與滕君言井田滕得一孟子足矣何其相繼而起者實繁有徒哉有尊爲孟子而來者故欲壞其法以亂其謀而此心已不可問記者爲之特揭所宗曰神農之言爲許行慨也有不必爲孟子而來者故第即其人以觀其素而此志要本無他記者爲之追原其始曰陳良之徒爲陳相幸也陳相有宋人也其生平雖無所考殆亦入而横經出而負耒以自託於儒行之風矣乎乃日者以自宋而之滕特以謂天倫本樂事所關則諸父諸昆當亦不忘夫桑梓

安在劉王故土不遠滕卜正遺封乎胡為乎計偕伯仲竟欲以去此一彼皇皇而深越國之謀謂恆產尤身家所寄則我疆我界應亦樂夫田園安在惜備先朝轉不若地分畔壤乎胡為乎業舍桑麻竟欲以棄舊圖新惘惘而作出門之計其之滕也其自宋之滕也右不知許行之之滕而至自宋也者又若明知許行之之滕而至自宋也者陳相與許行蓋同一之滕云然而觀其所與非他人乃其弟辛也向則與子偕臧琴書切淵源之素今則與子偕作壎篪無臭味之差自宋者之隱相親與自楚者之顯相敵固有間也此其不同者一也然而觀其所負非他物乃其耒耜也向則負笈而從爾室盡隨肩之樂今則負鋤而至異地慫游手之閒自宋者之守乎常與自楚者之攻乎異尤有間也此其不同者又一也

何也以陳相者固明明陳良之徒也吾於是為相幸矣業已出有道之門而彼為之倡此為之和一堂受業其結契良亦有真耳繼今日者其人云邈未必追隨乎杖履而靜詳譜系覺名别於獨者姓統於同知潙汭之遺考古者當思不忘其祖矣豈在宋而為陳良之徒之滕而即非為陳良之徒也而如相者其亦可於良紹厥傳哉吾於是且為相之弟幸矣業已重長兄之義而爾為請業我為執經二人同心其授受良亦有自耳繼今日者子季偕往未能砥礪於家庭而至為應求覺情無或離者謀無不合知性天之愛有知者當思不如同姓矣豈相而為陳良之徒其弟不必為陳良之徒也而如相者其亦可於辛廷其緒哉

陳良之徒　願為聖人氓　觀海集　徐汝鏐

更紀來滕之人、其始願非不誠也、夫相為良徒、得所宗也、與弟負耒、守其業也、慕聖人而願為之氓、始願不甚殷哉、今使聞風景附之輩、第殷殷結念於前、亦非有國者所欲多得也、而要之初來之念非不誠、則既來之言不容沒、蓋其始淵源有自、非立說之無稽、其繼伯仲偕行、非游民之無所、即其後獻徹忱於君側、冀托足於國中、亦非擅簧鼓之才者所可擬、君子為之溯厥由來、正無庸外視之也、為神農言之許行、顧自楚之滕乎、彼雖慕聖人之政、願為聖人之氓、第所與則有徒數十也、所業則捆屨織席也、滕亦何樂得此許行哉、而不謂自宋之滕、又有陳良之徒陳相者、且夫相為良徒相所為固正而不譎者也異端皆欺世之談而陳良無是教也乎時坐論聖功必不舍先王制作之精別為提命則本師傳而戾止豈若陰行媚惑一試其詭秘之為邪說即誣民之術而陳相非其人也乎日親聆聖教詎能於人生日用之外別示神奇則偕仲氏以來游斷非陽託真誠強為此就瞻之切然則陳相之滕不大異許行之滕哉觀其與弟辛負耒耜相誠願近聖人之居矣特不知亦踵門而告吾耳人情於發政施仁之國每廣隔以山川縱一念肫誠難保其移時不懈而當此聞風並至安肯覩仁人之宇轉外恲懞人情於行仁修德之君每樂沾其教澤縱一時慨慕未識其異日何如而當此就日偕來曷禁乞君子之恩俾登版籍曰聞君行聖人之政慕之深也曰是亦聖人頌之至也願為聖人氓

相之始願何如哉然而相或難遽信也聖恩之浩蕩也遠來不先於近悅以令日舊章具舉在滕豈無傾慕之人乃滕之民不聞乞恩於廷歌功於野滕之士不聞曳裾而謁戴贄而游而獨以異國之遺亡序雁行而至止以細民之步武求烏止以為安即謂操業素端安知蹤跡不類於奇衺語意不同於詭僻也滕或未之察也然而相未始不誠也聖德之涵濡也近悅必繼以遠來以今日古制修明在宋誰切歸懷之想而兄先弟後適楚土者載耒而來越國過都媚君王者非后胡哉而且溯心傳之始設教非誣得指示之宗立言非妄則即鼓鄉聲去早已集栩桑而思與處傾葵藿而效誠也相固未嘗偽也乃見許行而大悅相豈猶是陳良之徒哉

陳良之徒　陳相見許行　越華書院　都普瑞

偕弟而來滕不意其見異端也夫相為陳良之徒非異端比也聞仁政而來滕何竟見出許行哉且夫人既為端人之友自不得入異端之門非以其所見之不侔哉乃不謂伯仲相依方幸樂郊之適而消涇各別偏成觀止之緣師範其未遥乎胡為甫入岐途而相見恨晚也如繼許行而之滕者陳相也豈其為見許行而來鮮非也夫相固陳良之徒也想其追隨函丈所見者正士端人聞大賢之戾止是邦高山倍深其仰止所以關津遥遠不憚跋涉之勞而戴笠擔簦為慕鴻儒之雅範抑其眈畝棲遲願見者堯天舜日聞此邦之聖君崛起上國樂遂其觀光是

以慕義嚮風願託仁人之宇而見先弟從宛然雁序之相依觀陳相自宋之滕願為聖人之氓也所與者弟視許行之率徒數十者異矣所負者耒耜視許行之捆織為業者又異矣何居乎一朝相見也邪正之分嚴同冰炭縱偏隅共處不異室邇人遐之興歌邂逅之際若假之緣則萍水相逢保無不期而會之一候審是則相見亦常情耳乃此不曰許行見陳相而特書曰陳相見許行罪陳相也陳相何罪以其初為陳良徒也見與遇異遇者無心之偶合見則有意而來前也夫相雖屬宋野之編氓曾為楚儒之高弟今而苟錯至此稱仁稱義之士所宜見者不乏人矣乃何以前此不失為端人後此竟流為畸士則此一見也即謂陳相為許行而來可也見與歸殊歸者沉溺之已深見

則神志之甫感也夫相縱混迹於野老亦嘗覩矣夫儒宗今而
挾仲來遊相求相應之餘所當見者自有在矣乃何以昔則乎
於嘉而吉今則比之匪而傷則此一見也即謂許行誘陳相為
助宜也見而大悅非復陳良之徒矣誰謂見不賢之獲益哉

結構甚緊穿插自然極宮止神行之妙

陳良　楚產句　啜茗軒集　任宗昉

人有反乎異端者、大賢爲時人還念焉、夫陳良豈許行比者、而相乃惑於行焉、孟子能不還念夫良哉、若曰人有生平所景仰之人固當局所刻不能忘者也何待旁觀者爲之籌及哉乃有時爲當局所景仰之人又若不盡爲當局所景仰之人則當局已習忘其人而旁觀又何能恝置其人一追溯焉不禁縷詳其姓氏也吾何以述所聞哉蓋爲陳良之徒言也爲爲陳良之徒而不樂爲陳良之徒者言也夫使其未嘗爲陳良之徒也吾固不必遐思夫良且使其終、身爲陳良之徒也吾亦不必抗懷乎良抑使爲陳良之徒而無人焉樹良之敵吾更不必翹企乎良而惜也良之名已往也讀書而深親炙之思豐水其猶存乎杏壇其無慧乎而良亦若聲銷跡滅不與遺澤長留夫是以緬伊人而徒勞寤想也吾固無容進舉夫良也而幸也良之名猶留也論古而切知人之感之子不復覩矣一老不獲遺矣而良尚非代遠年湮並有姓名可證夫是以思芳躅而首切低徊也吾正不勝神往夫良也則嗇慨然於陳良則嘗睪然於陳良千古無不傳之賢哲所賴琢磨砥礪得以上契夫淵源令良也殷然自矢其為良而良之前早有與良同志者交勉夫良則良猶未為翹然特出之良也而吾何以折服夫陳良兩間無不徹之人心豈無入主出奴不勉震驚夫流俗令良也翹然自恃其為良而良之外早有與良異趣者交誘夫良則良尚未為卓然不惑

之良也而吾何以樂述夫陳良然而吾正折服夫良也百氏爭鳴誰則振興乎頽靡飾智驚愚之習正恐良陷其趨耳乃見異之遷不必為良慮好高之弊不必為良憂良自不失其為良而何以效法乎良者竟若昧夫良之為良也懿範而云遥也吾正欲其借鑒夫陳良然而吾更樂述夫良也五方雜處誰能不囿於偏隅輔世翼教之功豈必於良收其效乎乃當時競知有良而愛良者交美夫良後世尚知有良而忘良者猶憚夫良良自其信其為良而何以大悖乎良者竟若輕夫良之為良也芳徽而既邈也吾正欲其恪守夫陳良觀其以楚產而悦周孔不臧大反乎許行乎奈何子學許行而竟倍陳良哉

陳良楚產也

貫珠集　孟繼衍

南國有材其人可重念焉夫自楚之勝者彼固楚人也亦知楚之所產乃有陳良其人乎嘗思賢才不擇地而生是人之不為地囿者何必計其始生之地哉乃有風不採於詩國不列於夏而其人之稟賦獨優即山川亦因之增色焉此非地以人傳乎蓋姓氏有可稽亦里居有可攷也吾因用夏變夷而有念於陳良意者陳良之為陳良其或產於夏而非產於夷乎大抵賢哲之挺生半鍾淑氣所以齊嬰晉肸卓然為華夏之棟梁以良也風範非遙則溯厥淵源當求諸文物聲明之域然而英才之誕降豈限方隅況夫七澤三湘從古產才人之淵藪以良也寒微

崛起則偶焉游釣未始非河山鍾毓之靈夫陳良果何許人乎獨非産於楚乎一人之傳不敵衆咻人苟甘伍凡庸則即生長於通都大邑衡品者從而輕之謂其見異思遷并祖宗邱墓之留貽杳若不知所焉固其人之無足比數非所産之地使然也百步之内必有芳草人苟不移習俗則即置身於窮壤荒陬採風者亦推而重之以為降才何定雖草莽山林之僻陋此中竟大有人焉非其地之迥出尋常亦所産之人有異也且夫宮寢之甲興餚貳則蠭射肆毒若敖之鬼餒世卿則狼虎逞兇披檮杌之遺書其負義辜恩者何堪枚舉乃陳良篤生非偶獨能與作辭之射父讀史之倚相誦書之子革共著家聲今雖故址僅存矣而沅芷澧蘭如遇伊人於澤畔愚父老猶能親切言

之。且夫埋蛇傳軼事。賢宰輔衆口交推。乳虎有元勳。舊令尹忠忱如見。守僕區之令典。其黼家蔽國者。亦不乏人。乃陳良勳業未昭。偏等諸顓孫之在陳。漆雕之在蔡。言偃之在吳。無傷土著今即前徽幾渺矣。而楩楠杞梓。猶懷嘉植於郢中。我生平亦嘗追憶及之。噫。鬻熊傳王室。楚先君雅擅通材。得良也以步後塵知生有自來。草謂楚氣甚惡。歌鳳諷聖人。楚狂士亦非俗子。得良也以為繼起。知善堪為寶。足徵楚地多材。北學於中國。良非生於楚而不囿於楚乎。此用夏變夷之明驗也。

通体純用闔合之法。處處藻密。其鍼對陳相處。亦復鋒鋩逼人。

陳其宗器　　劉總光

祭詳其所陳惟器之重也、蓋宗器者祖宗之器也、當其祭而陳之、武周亦以其器為親重耳、且人子不逮事吾親而於親所玩好之（襯筆却見本）其每愛而不忍忘、亦曰手澤存焉耳、若夫法物之傳則不特玩好之謂也、孝子之心其鄭重更何如耶、吾於武周春秋之祭而更觀其宗器矣、一有一器必有一名、概以宗器則器由宗貴也、撰諸同姓從宗之意、則是器也、惟守祧者得而藏之、一有一器必有一義、統以（周詳以藏觀陳典切、引例亦雅俗、雖點陳字四）宗器則器因宗重也、推諸大者宗子之稱、則是器也、惟主鬯者得（此抑只重頓宗器、周詳拭例獨到）以陳之、一先王之建國也、受命則受器矣、然其所受者特簠簋之屬

而非宗器也至於宗器雖與祖廟之守藏同掌而必曰天府職之
（周許周禮說祭祀陳庸器示能奇也更賜得出）
者弁不同於庸器之典焉即武周之封土也分國則分器矣然其
所分者亦珍好之賜而非宗器也至於宗器寔與有周之曆服終
始而且曰遷寶則奉者更不等於祼器之埋焉今日者賚明行事
（周許陳守從來無此說矜先領）
祭必備物矣而可不陳歟一致謹於將陳之先則沃盥執燭以肅其
（陳之三意）
明潔如祖若考之撫而御之也不敢褻狎以褻事一儆惕於方陳之
際則纚藉黼純以致其虔共如祖若考之聚而好之也惟恐失墜
（周許更寫得該治　次叙陳之三意）
以貽美器之各有其類者則亦以類相從而宛琰弘璧不妨與河
圖大訓而並設煌煌乎東序西序之交輝也器之各有其列者則

必以列為序而大貝鼖鼓亦且與兌戈和弓而共備秩于東房西房之匆栽也蓋於顧命而陳之示其器之能傳也為鎮為寶先周詳此本楊氏傳語而疏明之人之靈爽式憑而留遺後昆者亦早示以不貴異物而寶惟德其此揭陳之字義物之思於大饗而陳之示其器之能守也典玉典瑞予探之對越在天而散布左右者亦不忍以要獻方物而忘器淶求舊之感此武周所以願宗器之重而不容已於陳者也重其器並重其親也

前輩傳作傳而不檢正應以清餘遜美後來　原評

洗剔器字發抒陳字不經傳註細檢來安得此羅了應上近人過此等題後作懷問語自謂探情實則便於安順不則一任東

本朝考卷合真集補鈔　中庸　學稼軒采本

西塗抹不顧識者笑矣以前輩如鍾竟陵題文猶多可摘若此

應不受義門之指擊矣　周旭之

典核固不待言要皆題之形也非君形者兩節分屬數愛點

近號義若涉作傀儡語及援據不的則脈絡如何歸宿吾於ま

文[illegible]賢義精[illegible]語[illegible]數[illegible]意不雜貫其氣象審稟獨著

得義之色　潤川

陳其宗　劉

陳相　見許行句　小題約選　王長青

於之滕後再書時人書其名者惜之矣夫書陳相於之滕之後於始之書亦無異也然而[illegible]相之名者蓋已惜之甚且孟子一書記弟子與時人之姓字者[illegible]一書者焉有再書者焉均無異也獨古[illegible]始誤於所趨而繼也書其名已足動人之欣幸者則有如於之才[illegible]之後再思樂正子是有始得其所從而繼也書其名已足深人之婉惜者則有如於之滕之後再書陳相是相與弟自宋而願為滕氓固已獨是其時願為滕氓者正不獨一陳相也有先相之滕而願為滕氓者矣而相之名獨見書於之滕之後也曷故蓋嘗讀孟子七篇至見書陳相於之滕之後而竊掩卷

為思私心自喜久之意相也淵源有自經濟素優倘今以職令
自効將見酌井田之制議制祿之經興學校之舉實深有於相
乎期之也則其名之再見書也記者殆將歷叙其助滕為理之
麻而重舉其名曰陳相此說然歟即不然相而斤斤自好克踐
其言將自今而後卜正之區有誦詩讀書於其間者都人士咸
耳而目之曰此昨之滕之陳才也文昭之壤而儒冠士服於其
際者國之人胥指而視之曰此昨自宋之滕之陳相也則其名
之再見書也記者殆將證其初言之不謬而特再筆其名曰陳
相此意得之今夫人意中所不屬意之人雖屢睹其姓名亦習
而相忘耳若陳相之始書也記者特著之曰陳良之徒則安得
不於其再書於之滕之後目注而心意之也夫使之滕後之陳

相而果我意中之陳相且記者再書陳相之意亦即我料陳相再書之意則我深爲陳相幸且重爲陳相慶而何不樂觀陳相之再書於之滕之後而孰知人心易轉也邪說易惑也之滕後之陳相竟非我意中之陳相也即記者再書陳相之意亦竟非我料陳相再書之意也何也爲其見許行而大悅盡棄其所學而與焉也我故曰書其名者蓋已惜之甚也

憑空結撰無中生有不着一字儘得風流

陳相見許行　道許行之言　清雋集　何忠駿

悅異端者反所學、不禁樂道其言矣、夫陳相所學何可棄、乃見許行而悅之棄之學之也其見孟子、能無道許行之言乎且厭常喜新之士莫患夫誤於所見也而猶幸其尚得所見誤於所見則引而去者不惜舍素守以相從尚得所見則望而來者猶賴其舉異說以相質當夫見異思遷溺之深而信之切不自悟為君子所非而轉津津然樂為稱述焉可怪也如陳相願為聖人祇以滕用孟子故繼許行而相率至滕也斯時滕之人必有以孟子為陳相道者以彼為陳良之徒與孟子之言不謀而合陳相聞之必見而悅悅乃學雖有厖雜之言必外之而不屑道可知也奈何不先見孟子而誤見許行哉今夫士君子處橫議之時不能不與世相往來所最貴者篤信之深心所難得者轉移之機會世嘗有信道不篤誤於所從及一見正人而幡然改悟卒歸於正者何限陳相平日所悅何人所學何事何一見許行竟大悅而學且盡棄其學而學也甚哉陳相之惑於許行乎陳相既惑於許行復何敢來見我孟子乎然吾於此猶竊竊然以見孟子為陳相幸者何也從來異學倡言之害每患有好事之輩以廣其流傳信道未誠而猝獲新奇可喜之論輙不禁奉以周旋而其焰不可復熄君子所以嚴為屏斥而不肯輕於一見者生心害政之流其事固不欲耳聞也然而斯人誤信之端又樂得聖賢之前以發其辯論迷惑已深而苟有救正可及之

緣即不惜令其曾接而斯理猶可共明君子所為予以從容而未嘗絕使不一見者息邪距詖之思其說正欲為面聆也則幸也陳相猶見孟子也相於是道許行之言矣夫許行未至滕而孟子先至行之言當亦孟子所聞者然而許行不見孟子孟子何由見許行即滕之人道許行之言非學許行者道許行之言孟子皆可置若罔聞也而相也悅行之深學行之力遂言行之詳若以孟子所未聞而特為告語者又若以孟子所已聞而更為諷諭者是豈孟子所願見乎然非相道許行何由啟孟子之辯而令天下後世更無悅許行學許行道許行者哉是則相之幸亦學者之幸也夫

陳相見許行　陳相見孟子　大觀集　祁世長

見異端即學異焉、因悅而復見大賢焉、夫陳相學於陳良固知有孟子、而不知有許行者也、乃一見而即惑焉、所由復見孟子歟、且邪說之惑人也、大抵惑於所見耳、惟惑於所見則必去正以歸於邪、而其所不欲見者即在此正人矣、惟惑於所見則必助邪以攻夫正、而其所亟欲見者即在此正人矣、非邪說之能惑人、亦惑於邪說者之中無定見也、如陳相之願為聖人氓以滕能行聖人之政也、而滕能行聖人之政由孟子以井田之法用於滕也、如是則既見文公、即無異見孟子矣、且既見文公自必當復見孟子矣、見孟子必悅孟子、悅孟子必學孟子、相真不愧為陳良之徒哉而不意其他有所見也而不意其别有所悦也且不意其盡棄所學而學之也彼何人斯則固為神農之言之許行也夫許行固欲壞孟子井田之法者假令相能以聖人之政闢許行則邪説之波靡不至横行於天下是即助孟子以拒許行也而何必不見且能以聖人之政感許行而異端之沈溺亦可漸移於吾徒是即藉孟子以正許行也而奚必不見奈何見許行即悦許行悦許行即學許行相真許行之徒而非復陳良之徒歟又何心於我孟子而殷然來見哉吾於是為陳相惜焉以稱先則古之身一旦頓失其素志所幸前修在望猶可補救於將來則其於孟子似宜致其悦服之情而無如悦服之他有所在也蓋自迷途既入以來鋭意孤行亦既悦服之倍至而

猶恐以非不勝是者姑為調停之說此一見也夫固有勸之使前者矣吾於是為陳相異矣以居仁由義之業一旦偶入於歧途所幸懿範堪親尚可挽回於已往則其於孟子似宜深其願學之意而無如願學之別有所屬也蓋自舊業既更而從專心致志亦既願學之甚殷而猶慮以邪不敵正者謬為掩飾之由此一見也夫且有挾之而至者矣何也蓋將以道許行之言也相不誠為許行所惑哉

斷制謹嚴思筆儁快

陳相見孟子道許行之言　紅葯館集　梁汝深

見賢而意不在賢以所樂道者有在也夫相豈真欲見孟子者以道許行之言而見之其意之所向可知矣且遇賢而深仰止之思方將領畧其言樂道其善必不他有所屬矣乃若迹等於好賢之雅進謁維殷實則志惑於私昵之儔稱揚恐後此以見景行在望不敵夙契之在心也如陳相棄陳良之學而學許行意惟許行之言是趨則知有許行已矣胡為乎忽轉而見孟子哉豈以孟子之學與陳良同而滕之重許行不如其重孟子因悔前此之棄為寡謀欲以學孟子者補其過與則此一見也或相之迁而思返未可知也抑以孟子之學與許行異而滕之待

孟子倍厚於待許行因疑曩者之學為鮮當欲質証於孟子以定其歸與是此一見也或又相之憬然有悟至足幸也而不知皆非也相見孟子意殊不在孟子也蓋道許行之言也恆情於己所佩服之人慮無以見重於賢哲遂借親承為轉述庶藉名流品目而聲價忽增且冀隱動當途咸驚為世所僅見則轉移風化非是人莫與屬也口欲道而意拳拳不自以為阿所好矣且於向所習聞之語恐無以大白於斯世遂向至人為表暴庶幾轉相延譽而懿範斯傳且使法古有資群奉為世所莫易將書為三策即己亦與有功也信之篤而達亹亹不自覺其言之妄矣相之道許行之言其以是與而吾以為猶不止此蓋相意中有許行相意中不能無孟子也孟子之言伸則許行之言絀

非所以重許行也計惟令孟子聞許行之言而愧己之紛紛動衆不若許行之簡而易從而孟子之言絀矣是道許行之言所以絀孟子而伸許行也不然學許行亦學之斯已矣胡為見孟子而稱道不置哉相意中有孟子相意中又恐無許行也許行言尚抑於野而孟子言已揚於廷曷以爭勝孟子也計惟以許行之言聞於孟子使知許行之驕驕自異不若己之泥而多拘而許行之言揚矣是道許行之言所以揚許行而抑孟子也不然既學許行可不見孟子矣胡為道許行而入見不違哉蓋於是有以知陳相之惑於許行矣

陶冶亦以其械器易粟者

呂葆中

（原批淺深刻）

工以工易，亦猶耕者之於一夫自耕者之必有所易，而陶冶遂可以不耕，然則陶冶之泰然而得粟也，亦已久矣。孟子意曰：自許子之種粟而食，而勢不能不出于易也，豈惟許子為然，天下皆當如是耳。夫耕者一人之事，而易者兩人之事也，以兩人之事而仍名自為一人之事，則亦當議彼此之間而轉觀之。以粟易械器，其不為厲陶冶，陶也。夫田父日事于西疇，乃挈粟而出，荷畚而歸，謂耕者曰：此吾之不陶而陶者也。而陶人亦曰：此即吾之不耕而耕者也。且農人歲收其禾稼，及爰裹乃糧，于以取餱，在耕者曰：此吾之無冶而有冶也，而冶

（亦守留劍神奇）

（焉絕上自下讀得半面行本句乃合成一面耳）

（亦字只在上文付而）

本朝房行書歸雅集　孟子　康熙丙戌

人亦曰此即吾之無粟而有粟也故世謂陶人恒無土治人恒無金

意○趣○妙○理○至○情

陶人之無土也非無土也治人之無金也非無金也自出其所有以

義○出○易○字　轉○出

供天下之求而室廬無餘也陶人自食陶治人自食治夫豈神農氏

粟○字○一○洗○空

之氏乎而亦得與于神農氏之食者夫亦曰以吾亦有械器故也抑

世謂陶氏嘗不見陶治氏嘗不見治陶氏之不見陶也非不陶也治

思○妙

氏之不見治也非不治也以觀其所為以許行斗之人而意非其物

也陶氏以陶養治氏以治養矣豈負耒耜之人今而亦得同乎負耒

耜之養者夫亦曰以爾亦無械器故也若乃取其工而考之則工齊

借○筆○東○坡○拜○物○句○不○覺○亦○透

有良拙矣然而良者亦得粟拙者亦得粟也其工良者得粟也多其

工楛者得粟也寡命物成器其賈在市師焉是故吾甑無貯也吾釜無炊也起視吾室而吾之冥範尚存則亦交易而退耳吾又取其物（原批：回下句亦緊極干系生色間）而辨之則物亦有精粗矣然而精者亦可易粗者亦可易也其物精者易之亦以精其物粗者易之恆以粗閒門修業其報在田間焉是故窮緣不吾與也爾園不吾貸也環睹窮家而爾之金土不廢則亦兩務而歸耳聞之陶氏命族荒至圃已不責其耕而治于為裹於人祇為自食其力而豈為厲農夫哉

他手止能遍勤厲農句耳此則句句還動耕且爲意下面幾轉層層映透直射焉擒王手　原評

本朝嘉行請歸雅集 嘉言

械器易粟即自粟易械器翻轉意專在見陶冶亦然耳亦字指點輕便乃句句得合上神理

陶淵明讀山海經賦（以題為韻）

吳學臺科試溧屬古學第一名　劉　浩　笛村　樂

山巒擁繁，松逕翻濤。門垂綠柳，牆壓紅桃。緬淵明之逸士，遡晉代之詩豪。幾處得得清風，池交藻荇；滿庭遲遲斜日，揩沒蓬蒿。種蒭籬荒，抱孤吟之寂寂；讀書堂歡，樂半醉之陶陶。披山海之經，以細讀；對簡策之上，而忘勞。爾其脩然高寄，卓爾孤騫。羞折節於五斗，寄無聲於七絃。洒落胸襟，榮衰已任於世；摩挲鬢髮，窮達獨委於天。窮八荒之幻杳，撫一卷以流連。靜几明窗，永絕門庭之車馬；青山綠水，長契魚鳥于天淵。於時綠林競發，麗卉交呈。染裾欲滴，繞屋方榮。曉風與俱，雨氣

侵殘帙之潤閒雲欲盡霞光映疏牖之明猶然自愛吾廬看
庭除之撲翠尚亦獨欣衆鳥聽屋角之呼晴自寫吟中之樂
最愛晉夏之清遂乃羅千載之奇文搜全篇之寶軸刪夭精
衡駭百變於千端魍魎神姦寓十行於一目青瞳半榻神遊
世界之大千縹字數行識周海外之萬族慕周王兮遨遊悲
夸父兮競逐懷王母兮莫來念重華兮不復循蠅頭之蝌蚪
不盡遐思飛兎頡之蒲盧猶然靜讀低徊詠嘆玩索循環鳥
駭高吟之韻苔漬雨痕之斑丹木黄花之榮如數户外神鸞
靈鳳之采宛耀窗閣風發簾櫳疑遊崑墟與元圃雲生几案

宛在海島與神山每憶丹池浴日之仙自憩息交絕遊之願
遥思赤水清風之桂便作東皐舒嘯之閑想其歸去来於林
邱謝馳驅於邑宰擾擾風塵而自傷落落窮居而不悔怡然
自得豈托興之無聊偶爾長歌實寄情之有在如歷千山萬
壑何必躡屐登山恍極東海南溟便同乘桴浮海於是微雨
初晴斜陽欲暮遠山隱翠流水拖青望前村之午晚看小閣
之將冥牛背笛聲荷一鋤之皓月漁歌櫓韻擊雙槳之流星
借玉液以澆書獨傾三雅剪銀釭以繼晷如醉六經若使聽
聚蚊成雷應羨無雷之國倘教見飛蛾赴燭還疑燭龍之精

是蓋象外有象箇中託寓聊借彼之竒蹤得起予之樂趣况
聖治之昭宣識英賢之畢駐搜巖採幹盡草野之遺賢户誦家絃
備將軍之武庫陳風雅以咕嗶早棄鳴啞啁哳之歌絲綸術
而為文不尚月露風雲之賦借山海之書以考稽實聖賢之
言而備具仰見人皆陶育可悟博古通今之才世際休明豈
懷採菊鋤園之素
藻思濬發機旺神流原評

第二十八冊 卷八十三

堯舜之治天下　心哉　滙海集　蔣思源

溯二帝之治、可想見勞心焉、夫治天下至堯舜止矣、蕩蕩巍巍、其用心固何如者、孟子引以證勞心之說也、且自古有憂民之聖人、而天下羣受治焉、非受治於聖人之一身也、實受治於聖人之一心、蓋環而待者、非止為一身一家之事、斯坐而籌者必當為可久可大之謀、人第見垂裳之化、恭己無為、遂疑君人者恆自處於逸焉、而不知古聖人淬厲之精心、其焦勞已非一日矣、蕩蕩巍巍、孔子之美堯舜如此、而抑思天下之託庇於堯舜、與堯舜之經營夫天下、果何以致此蕩蕩巍巍哉、承平之世、其治天下也易、洪荒之世、其治天下也難、居巢營窟之餘、天若留未定之經綸以待聖人之擘畫使災異可諉諸氣數則當日之為民慮患者當不如是之況瘁也無事之日天下之待治也緩多事之秋天下之待治也急水火工虞之職世方有未彌之缺陞以需聖主之栽成使宮寢可弛夫憂勞則當年之志切旁求者當不若是之焦思也甚矣心之不能無所用也而如許子之說直似天下之治全不轂乎心之用且似治天下者惟心轉可以弗用而豈其然哉蓋無窮之惕厲堯舜非好為其難第既為萬民託命之身則圖易患難殊煩聖慮抑無象之憂勤堯舜原不期共喻苟未臻庶績咸熙之盛則宵衣旰食敢忘民依由今以思彼豈無所用心者哉以是知堯舜之勇於為治也都俞吁咈之日不獨天下之大害在所必去即天下之大利无在所必

興。當日者掌虞衡而益勞其心。平水土而禹勞其心。勤率育致
親遜而稷與契並勞其心。亮工若無忘襄贊矣。而合衆人之治
以為治。即兼衆人之心以為心。自淺見者測之。鮮不疑其迂也。
而不知其用心有深焉者矣。以此見堯舜之精於圖治也。則壞
成賦之年。其享奉似溢天下之尊。其智慮實周天下之遠。當日
者昏墊慨而心勞於初。阻飢憫而心勞於既。五教敷。五刑明。而
心勞於終。率作著。庶績叢脞矣。而治道日底於純。全心德倍深
夫刻厲。自其外而觀之。或且疑其暇也。而不知其用心有迫焉
者矣。亦不用於耕耳。子亦知勞心者為大人乎。

達天德者　黃珏

天德有達以生知者若為至誠作不遇之想焉夫猶是天德而乃謂為達以生知者安得天下有至誠而復有是至聖乎且吾前言至聖而必以備乎四德者綴言生知之後則以為天下一人也乃今言至誠而又不禁于至聖若或遇之其諸盡性者乎其諸性盡睿哲之姿者乎而其人之品量以出即不特其人之品量以出而第愁未副所遇斯盡性之目亦與生知同屬虛想耳夫使聰明聖智而止是已也吾其為至誠發不然之慨乎今夫內美底于惟精則秉之為德而大原根于誕降則受之自天推之為賢愚所共

一氣渾

活

鋒游題神出以淡婉之筆自覺虛涵不盡

反折得

法乃逢領前示圓之神

字字清出

鹿窖題文選　百卜七　中庸

得則達固統同之稱進之為神化所由臻則達乃領異之號于是（醒逐字）（注到者字）有所謂達天德者此固本聰明聖智之質而聯而名之者也德本（點得渾融）（倒挽得法）微諳而溯自蒼穹則微而遂入于幻矣一自立之為主名而微者渺茫以人顯焉則達之為用特奇也想其耳目心思之體無不靈（直排）亹而僾而因以躋而升之乃覺舍是別無係屬于聰明之後聖智（出實者字留下面渾領題神）之後者苟有若人焉在至誠當亦嘆其造詣之隆德為虛位而麗以真宰則虛而更涉于渺矣一自奉之為歸宿而虛者遂若以人實焉則達之為程甚大也想其哲謀肅乂之司無不絕類而出而（煞義）因以寔而契之乃覺得此更有絕擬議于聰明之中聖智之中者

明項苟字用反

苟有若人焉即至誠應亦服其品望之粹而不然者是不能安而

精正明點不了

行也不能明而通也非不可勉騎而至而以言乎從容之候則已

上下實理盡此四節

再詮上

誣非不能推測而知而以言乎徹悟之幾則難受良由其聰明早

文一氣貫出終得還足者字

遜乎上哲聖知夙讓乎神靈而其寔遂有難副者必人事合以天

質而無乎不盡古今寧有幾人然正惟世不習見之姿而漫相許

暗折不字是題意

可則非其相對相當毋寧置想于空懸之地謂必如是其能達焉

收足

者乃真聰明真聖知而至聖不遽見斯至誠不少貶也是何不進

圓相

想其德而故若難之必粹美載以清明而有所克全宇宙幾成絕

更精

諧然正恐本非偶合之侶而界以權衡則適以相輕相褻何如反

○○○○○○○明○點○不○字○是○題○面○○○○○○○○○○○

作夫僅有之思謂不如是其能達焉者早非聰明早非聖知而至聖不易幾至誠轉可會也是何不并言其德而遞若奪之夫所謂

○○○○○合○神○已○合○○○○○○○○○○○○

注苟非至誠之所為無倚也則至聖與至誠有異名無異寔也仍

不、作、而、入、有、得、解、、、、

以至誠知至誠而已非是其孰能哉○○○

還本位處得其真際繳上文處得其圓神應為虛寔兼到之作○

達天德者　程之銘

固至誠而思達天德之人以其人亦孟聖也夫達天德則其人聖
人矣而必聰明聖知乃足與于此也非然而其人豈易言乎中庸
謂至誠之德天德也德足于身則自誠而明罔無識微之不悉矣
至誠之世而更求一盡足囊此者蓋爽乎難言之意者其固
聖知其人呼聰無不聞明無不見其稟氣于天者早挺夫至
至粹之資而維皇之賦予不僭而識于心聖無不通知無不知
其合德于天者又具有何思何慮之藏而醒命之精微默契而盡
其分于是不發謂之聰明聖知而且謂之達天德者而猶不其然

形生神發之初天德未嘗分斷其後分頭既久而茫然于其所自
永然第起而溯之以爲此生而同有之天德者則可而欲舉窮神通
創○字○
[illegible]○底○[illegible]○最○僅○在○畫○先○反○面○
化之謂鄭重而屬于其身則亦忽其聰明安在聖知安在而爲是
者○字○押○住
不慶之書也即繼善成性以來天德亦時流露豈其天心可復而
不足與聞夫一偶然第舉而論之以爲此非全無見于天德者則
可而欲舉原始要終之識決擇而歸于其人則試令自忖其聰明
若何聖知若何而來此過膺之目也天下至聖神之業總不出天德
緣上即透下
告○在○
之外以吾所言至誠盡性至命何非天德固有之能事而更得一
應○之○對○待○處○
達天德者乎此耳目心思無所不及則其人自處已優于聖域矣

非然者耳目猶是心思猶是即不謂賢為超覺而入聖未優將泛
置之別聲被色之倫而皆得引為吾鄰天下生安之誼方無歉于
天德之中以吾所思至誠絕類離倫不過充滿天德之分量而更
得一達天德者于此表裏精粗無所不徹則自視固同此反身之
樂矣非然者表裏具在精粗具在即當其冥心探索而反身未誠
會之為者字旁觀亦近勤得筆下文自徹得九
一概置之希聖希天之列而亦欲焉其攀躋一如是而欲其知至誠
也其孰能之甚矣至誠之道不易能亦不易知也
舊說聰明聖知即上章聰明睿知為生知天德即上章仁義禮
智之德屬安行不知達字即從聰明聖知裏說貫下知字去截

達天德者

不得兩項也。參于二十章註云。生知安行者知也。前項舜之大知。後頭至聖之仁義禮智。悉從聰明睿知出。其義甚精。讀此文而知知其難者。且慕遇之也。故理精則法自得。任夏聖

正反翻緊。繳上七字。而下意亦隱隱。觀入其用法。皆有精理運之。斷不落空腔死法。翼聖評。雖不必盡與章傳要旨本節語脈自道得。融文之得手應心。恰相爲脗合也。

斯民也

崇文　俞汝欽寅階

聖人欲明無毁譽之故而重有念於斯民焉夫猶是民也豈可輕視之者子所由明毁譽之無而情深於斯乎若曰吾生也晚而今人與居吾敢謂當今之世惟懸一心為衡量而無事驗諸人也乎夫盈天下皆人人非離羣而處人盡受中以生即此總總林林非自今伊始矣則其留貽以至於今者殊令吾環顧焉而倏然會也誰毁誰譽吾豈示異於人哉世與我為緣而酬酢而抑揚宜慎惟我非漫以加斯人非漫以受則試推懲勸之懷以周乎寰宇淩類相從者安得歧而視之也身與人相接一品評而淑慝倉符眡惟

西泠三院會課二刻　諸

不薄於待人人皆將學於自待則欲宏胞與之量以徧及羣生彼錯然處者何妨統而觀之也吾於是曠覽當世而重有感於斯民也等而上之爲秀民等而下之爲莠民民生之愚智或甚懸殊而有無分乎愚智者智亦猶是民愚亦猶是民其稟誕降而集於斯也有物必有則矣讀泰誓而仰上天視自民視聽自民聽則知帝心所屬端藉羣黎百姓默與感通而謂可蔑視之乎吾也衡鑑有深衷亦惟此蚩蚩者時縈寤寐其爲生聚之民其爲凋瘵之民民氣之盛衰迭相倚伏而有不與爲盛衰者盛亦無異民衰亦無異民莫由遞遵而至於斯也可近不可下矣遂刻郛而戎負髟敬往

民籍畀任民岩識以世運攸關胥觸傷兆夷人相為維繫而謂可輕量之乎吾也激揚有素志氣願與共若共賀生平一鄰民之都憂也齊民之闡緩也秦民之應勁也幾疑民志之日漓罔知所底矣然而民有秉彝豈於斯而獨薄則雖俗多流弊而分形同氣罔非陰騭相協之儔舊染其可新也誹與顧斯民而共俞之周民之歌中谷也檜民之歌匪風也曹民之歌下泉也幾歎民情之待治無可復期矣然而民有興正豈至斯而獨殊則雖時際末流而壞往點來悉屬心理相同之倡政權其誰執乎曷弗撫斯民而一籌之言念三代直道之行即斯民焉耳吾之無毀譽也亦庶無悖乎

古人彰善癉惡樹之風聲之意也夫

聖人之緣毀譽就待人說三代之直道而行則猶治天下矣起比從人推到民正合當下神理蓋民即人也然謂人皆王者所治之人則可謂人皆夫子所待之人則不可則斯民一字確是推廣之辭至點題句高唱入雲中後注定下文亦極沉鬱頓挫之妙 陸霽山

描寫題神栩栩欲活佳在氣味醇厚與龔空腔者迥別 鍾菊坡

興酣落筆處處為也字傳神氣機動宕志味深長使直道句如匣劍帷燈極此題之能事矣 錢少濤

斯民也 俞

斯焉取斯

癸巳 任蘭枝

慮其無取者、深嘉其能取也○夫苟有能取之心、何患其無所取、曰
焉取者、子殆為婉言以嘉若人歟、且人自入世以後○大抵其日相（擒題○起○忽○）
取者乎○取於物者○不欲其多○取于德者○不欲其少○夫幸有能取之
資遂當可取之樂○在身受者○或反忘之○而旁觀者早為之深思而
過計矣○君子哉若人、學若予之力也○設也學無君子乎○夫無君子、
亦何慮之有○豪傑自命之士○往往身居僻壤○而抗懷古昔○亦得良（題○前○翻○進○一○層○）
朋○不患其蕭然無取也○苟為不然○即置身大雅之林○而淡漠為懷
其孰能施將伯之助矣○出門同人之道○就令近地無賢○而負笈他

邦非無利器何患乎予然無取也苟為不然即幸產文人之地而失之交臂亦何救于孤陋之識矣然則取不取自在我耳豈係乎

重在能取上

人哉雖然得朋之樂在桑梓尤深而寥落之傷即英奇不免取之

閩韓　文忠

古而詩書之內有同心何如取之今而几席之間皆益友取之遠

如風發泉湧

而四國之交遊多聚散何如取之近而一堂之麗澤有餘歡且夫

獨下四股

取之道亦致足樂矣分人之有以自益而非類于貪也彈人之有以自封而無傷于盡也我取人人亦取我彼此交相取亦彼此交相益也取愈多亦取愈精供吾取者無窮則資其益者靡盡也而

轉出焉取字葉飄洒

如其無取則老成其凋謝乎誰為聞見之資孰是身心之助晦明

風雨寧不致慽於衆大雅其不作乎吾言之而酬者無人吾倡之而和者無侶考德問業寧不興悲乎鶴雖以若人之風期卓炔不至湮沒無聞亦焉能漸染薰陶年少而遂成佳士以若人之寤寐旁求亦自不至索居興歎又焉能集思廣益鳴琴而坐致休聲一斯人也斯德也吾以知其所由來矣若夫魯君子儼在而斯人卒不多覯也抑人何歟

取法意

結更得絶人知所

筆情輕倩風調俊逸新詩脫手如彈丸此其是矣　陶仲敦

題意專重在能取上呆寫多賢之足取固屬拙筆如題反做不得體矣口氣亦失題神文起股進一層翻入中幅重發取字能

十科小題集

取意自在言外。入後如題安頓。簞簞放活。絶不呆衍。極得反言

嗟嘆之意

斯爲取　　任

揖讓而升　三句　　方錢

讓行于爭之所異乎人之爭也夫由升而下而飲射之始終備矣君子則皆以揖讓行之以是而云爭不猶然無爭哉嘗謂讓美德也然宜讓而讓焉其讓無足異也至宜爭而亦讓焉則人稍見其讓也而未見其爭也吾則即以是而言其爭也而愈異乎其為爭也今夫射固爭之所也雖君子亦焉有不爭者哉顧吾正慮一有爭而即非君子矣雖然無慮也閱嘗觀大射之禮未射則有升既射則有下有飲而以君子當乎其際亦既容比于禮矣亦既節比于樂矣其升者何也曰耦將進也樹侯之始揖而升也其下者何也曰耦偕降也決拾

之餘揖而下也其又有飲者何也曰不勝者宜示之罰也辭爵之時勝者揖而使飲也噫是何其節之容而文之繁乎蓋君子之為此者凡以明讓道也夫在君子平時其自朝祭冠昏之大下至燕飲贈遺

原評　放開一筆急脈緩受

之細何一不以揖讓行之至一射耳似不必為此拘拘而君子顧有

原評　頓筆閒雅

於不憚煩者誠欲化乎爭之迹也如是而君子也又安可以爭言然正惟其爭也而益以見君子試思君子之於射無心乎勝則已苟有心乎勝而即爭也而尚如是之揖讓乎君子之於射不期于中則已

神致

苟期于中而必爭也而乃如斯之揖讓乎然則人誰有此爭乎向但

跌宕風流

以君子樽俎不激琴瑟不去宜其和且平也不謂角技競能之會仍

有此雍雍之雅度也以為父鵠以為子鵠孝弟之至視此矣而謂其爭乎是真君子也向但以君子在東閑鸞和出則鳴佩玉宜其恭且順也孰意巧力互呈之際乃有此肅肅之令儀也序賓以賢序賓不侮才德之選視此矣而以為爭乎是惟君子也蓋君子初非求異于乎乃至以讓為爭而遂不諱其為爭君子亦非有意于讓乃至無爭之非讓而君併忘其為讓升也下也飲也觀君子于射之始終間而益信君子之無所爭矣

原評　着意頓宕饒有丰神

若將上截鋪排太多則于末句神味頓減前路點次歷落以下極

自怡齋考卷

力跌宕。絃絃掩抑。字字清新。如作者乃得題中三昧。黄重侯

揖讓

論語

揖讓而升　君子

車學院科考一等　方從仁

以讓始者以讓終君子之爭有獨異焉夫由升而下下而復升以欲此正易爭之地也然其揖讓雍容猶如此其斯為君子也乎今夫讓之與爭正相反也讓則不欲多上人爭則必求勝于己其事既殊而其用心亦別乃若處易爭之地而周旋進反之間志歛而節具則即此不欲多上人者（揉題如意）正所以善求勝于己而其人之度量已自此遠矣試即射以觀君子射則不無彼此之形射則不無勝負之勢微特負材角智之士有所必爭即在君子亦豈能忘情于此不知惟射而後有爭正惟射而亦不見其爭以為無爭而人之有爭者與君子異即

以為有爭而君子之爭亦適不與人同蓋射也者用之於戰勝亦用
○包○括○題○意○
之以行禮用之以講武亦用之以觀德當夫四鏃既樹衆耦咸集斯
時固皆在堂下也於是有先行燕禮者矣有行鄉飲酒之禮者矣射
矣乎未也升矣乎而不遽升也乃無何而衆耦皆揖矣曰拾級而登
也無何而再拜而讓矣曰歷階而進也噫異哉升堂何地正君子見
長之會也發彼有的以祈爾爵固宜奮焉爭先而猶謙讓未遑何也
然此猶將射未射之時也志正而體直或不欲以矜情浮氣稍逞其
能持弓而審固亦且以揖遜雍容自持其心乃未幾而三揖而進者
今且三揖而退矣曰耦皆下也下而復有所揖者何曰勝者揖不勝

也揖而復有所升者何曰不勝者飲豐上之觶也旣飲矣而復讓曰辭爵也辭爵者辭養也君子歷乎射之始終而知禮行乎其間者德（原評有收束）亦存乎其內矣吾於此見君子之性情有名正焉平日之涵養旣深藹然自見其和平故節比禮而容比樂雖不能泯其彼此之形而凌人之意氣舉消融于大公無我之中則爭也一歸于讓矣抑見君子之學問有甚純焉夙昔之陶淑旣至溫然善氣以迎人故歌貍首而咏騶虞雖不能齊其勝負之勢而驕矜之習已悉化于廓然無私之內則讓也正其所以爲爭也其爭也君子不益信君子之無爭也乎

珠璣錯落古致可人 原評

植其杖而芸　三節

前陳云從為字尋一開

芸者芸而立者立欵洽所由來也蓋不芸則子路不立不立則士陳云令

人不止食雞黍見二子胡爲乎衆哉且事莫不起於因所由生

人撿卷思

無因力穡何因家人為之因有家人即有賓主賓主何

之因因而欲不失其所因而賓主家人乃相因如丈人矣

陳云奇想天開

矣若曰是固舍家人而欲芸人田者也何無因而至前也無

示之以因我有天合之因處今日而徒思食德飲和無因之

子撥逗無迹

鳴而起執我黍稷穀我婦子毋使稂莠害嘉禾足矣何

陳云然

我不能舍己而芸人彼無因至前者有不望望去乎

顯謝子路也因而子路目中見其植杖、入植杖奇（陳云筆）之因、
客反（陳云妙）為留客因何則丈人以子路為無因而子路意中
因其芸高宜德邵因其事實非言虛悻悻詎所以待長者乎
立於師拱手請業禮所素嫻豈其違於造次因所入入目中
拱立矣拱立俟其芸畢也芸畢而別兩無因矣詎意子也
人為因而丈人轉與子路為因蓋宿者子路一止之者（前陳云出走絕無乎）
黍何足道因而二子目中得見拱立之子路儼然賓主也儼然
人也是爲人合之因（陳云應上天然妙極）又不啻天合之因也至明日而子路木不
廻想者因見夫子、無因之因又如在夫子之目中

空中樓閣接架連楹高〻下〻畫成仙境望其外者想入其中

游其中樂以忘返是叙事之奇品也陳仁山

淩烟蹴霧騎氣御風藐姑仙子猶在人間陳宏持

心水亭晒稿

植其杖而芸、古而立　　科考福清縣童生三場擬作

農人自事其事、賢者為之改容矣、夫以自丈人事耳。植杖亦固其所、而子路輒已拱立焉、兩人皆是異哉。且世外之人、其尋常舉動、皆以無心而寓其深心、雖在逸之相值之人、耳目必為之伸之矣。然於聽言之後者乎（便似山人對話）。蓋歷事遠而逸興彌高、逸事乍失圖、有不相期而相偷者、已一如丈人既飄飛于路也、斯日或近或遠、或去或不去（向付儼然拱立不止丈人為在）、丈人皆付之不欲知矣。何也、丈人初予然來也、以其來也、有遠必有其地、至而持乃弛、有器必有其功之作而形斯畫、植杖而芸、丈人復何心乎。夫其也者、亦四体之

逢源亭擬課

是役亦五穀之是治者也與所言不正相合耶然則須爲諷子路（此意只作波瀾極高推開正是合儼然正不解）者其言之不足而以身示耶若然則丈人欲子路之逸而意轉爲之牟欲子路之閑而躬先爲之擾夫彼方且一芸之外無萬物方且一杖之外無斯民而何有于征途僕僕之子路也然子路當閒之貽愕之餘正欲覩其擧動而乃咫尺之間恬然有以自樂泄泄如彼栖栖如此彼縱不相砌而何能徑相過也拱而立爲子路殆移情哉蓋嘗思之蒲芽襏襫之徒無足生其敬禮待是子路從夫（樸實而未見余尚慊）子有年矣浮沕乘桴之約夢魂每感發于無聊將疑將信之胸襟慈者勇也秋水伊人無俟溯洄而宛在而能

爾　情寞乎亦具留連特是子路後夫子亦

愛矣晨門下吏之談運會果遷流而不已曰堅曰白之喻蝴亦甚（嵌染○趣　況○著中○得○膚○髓○）

者而幾幾乎別有所悅也是青牢谷洵如金玉而非避而曾敢儀（井○幽○騎○前○後○妙○）

之武哉我不敢知曰拱立必由乎此然而與人親者其術之入人

猶淺與人疎者其術之中人必深是故芸之具不為拱立者而設

拱之意偏與芸者為緣前此詬厲之聲倏已為之冰釋而滋益其

荼抑與人煦煦者坦其懷而易褻與人落落者峻其宇而堪欽是（愈○淡○愈○濃○文○心○絕○世○孤○芳○獨○芳○分○貼○光○精○）

故芸之態得拱立者而倍孤拱之形乃因芸者而並寂將前此愈

呈之間直已愧其塵攖而決離頓捨吁文人植杖之際舉動誠岸

如也。其無心子路者。正其深心也夫。

而下淡漠不淂又須畱下文節〻情事自起

仕反招隱詩纔不失世外人孤情遠致中後婉約清放要之不

牴牾聖賢乃於吐納寔處皆空毋讀一句冷然如洗　陳星齋

植其杖而芸　　呂葆中

隱士之自勤其業也、不顧客矣、夫斯時子路猶然未去也、乃丈人遽植杖以芸焉、何其相接之落落乎、嘗觀石隱者流、委身隴畝、亦若有所汲汲不遑者焉、夫終日舍其業而從人以遊、固為失矣、即一日舍其業而責人之遊、庸為愈乎、是故丈人詆客之辭甫畢、且旋悔其多言而發事也、這何則、彼丈人之以杖荷蓧而來者、其時固將以芸也、然蓧雖非芸之器、而杖遂為何之需、則方其未至田間也、固有藉乎杖焉、其既至田間也、且無藉于杖焉、有藉乎杖、則固不得不任夫杖也、無藉于杖、而亦不得遽棄夫杖也、彼丈人者、將何以置此杖矣、夫

原批：伏下

原批：貼身落脉

字

是、提、芸

所以須植曲折淡蕩

此

本朝考卷鼎雅集　論語　南康

下先時植杖耘時落芸字便見　數抄仰從植杖朝出去分字

何大人之方來以荷任杖以杖任蓧斯時為丈人之杖獨勞而丈人

蓋所不到

養逸及丈人之既至蓧離于杖〻離于手斯時為丈人之杖已逸而

丈人始勞則吾見植其杖焉則吾見植其杖而芸焉日午鋤禾夏畦

原批切勿體

是病從來農之事惟芸為最勞以丈人之年彌高矣得毋非筋力之

所勝者乎夫何以首蒙茅蒲身衣袯襫雖霑體塗足而有所不辭也

旦芸字本色　原批切分五穀

四體之勤無勤于此矣良苗欲立非耨必鋤從來農之事惟芸為諦

畬以丈人之情甚曠矣得毋有簡棄不屑者乎夫何以厭〻其苗綿

綿其蕪方芟蕰崇而有所不顧也五穀之分無分于此矣雖當東

從旦芸下

作之方殷徂于夫于畛隰彼丈人者亦且解衣盤礴而入其羣浩蕩

[illegible]寫○植○杖○尚○將○藏○一○拱○者○在○旁○行○小

傍野間幾無以識高蹤之所向從旁者只得而陰識之向東坡之偏

青藜猶在茲非丈人之芸也然雖當西疇之有事咸植杖而芸苗彼

丈人者亦只等處泥塗而混其跡縱橫桑梓間更無以別隱居之所

荷蓧觀者又從而物色之曰榆柳之下手植離忘夫非丈人之杖也

然于是夕陽在山人影委地感思於策以言旋顧丈人之芸未畢則

發○揚○照○荷○收○拾○總無滲漏

丈人之杖猶植也遠風初拂犖浪微生將見歸人之扶路顧丈人之

杖尚植則丈人之容猶主也吾人將含丈人而微觀子路云

植杖與芸分寫便都無韻趣點題處一片注出疏題處迴環入妙

寫丈人皆以寫子路則從才所對之而備然

刻考卷都雅集　論語

第二十八冊　卷八十三

植其杖而芸

余棟

隱士有事於芸以儆夫不芸者也夫芸固丈人所有事而何植杖而芸即當子路來問時乎其倨已甚矣且昔子路問津有耰而不輟者矣甚哉隱士之倨也然此亦其問之時適當其耰之時耳若（後然詞中發出前問來）乃卒爾相逢本非有力田之事則雖農務孔殷亦何惜此片刻之周旋而遽皇然捺作漫不為禮也乎則荷蓧之丈人足異焉其言四體不勤五穀不分丈人固以農為業者乎彼伏處田間亦惟是力耕疾作以幸免於素餐之誚也設墾田若藝則荒其業矣（雅韵）厥在泥塗亦惟是黍稷稻粱以自謀其朝夕之需也設芟柞無聞則草

其宅矣時當芸也丈人不敢縱也舉足而游隴畔敢曰曳杖逍遥點
以自適其曠放之情乎田家作苦自有常業矣故行則荷而止則
芸字妙
芸秉耒而至田間豈曰杖履優游以自適其聘歌之樂乎焉年順
點植字妙　前從丈人生
養所不敢安矣故行可以荷而芸可以植一曠覽時事之紛紜其為
情必然然推開文境一變　蕪蕪
蕪穢不治者誠不嘗找草之鞠矣向謂潑清可期廣幾歸除其迹
判然雖不解此之能用筆清矯淺覺有舉頭并外外新乃知此妙
而更張之令而知滿之皆是所可必者惟此一手足之烈也而弟
是不可無此也
蹙豈草方蝎作之不遑極目斯人之多故其滋蔓難圖者豈僅為
根荄之不務哉向謂利濟有期厥終非其種者鋤而去之今而知
芸芸勿千丨，滿眼此一身家之謀也而蓁萊必剪方措據之

不假一世其身。忘其心怡十畝者久已無用世之懷矣而豈能

一紛乱

旋某字此三段植字後二股偶備寫甚湊

杖策滿征其嘗此風塵之況味漢與漢而相遭其萍踪適合者寔

非我知心之侶矣又何須投杖而拜以致其晋接之殷勤耶見其

而字多神與出妙　而字

欲事乎其先事乎植整以暇也丈人曰吾力穡維勤猶不失此從

俱出　而字又二意妙

容之致而豈若征人失侶倉皇而問塗既植其杖即芸其田力無

曠也丈人曰吾耄期將至猶不忘乎力作之勤又何至異地驅馳

不耕而徒食於是身衣襏襫沾體塗足四體勤也荼蓼朽止黍稷

茂止五穀分也此時者丈人固已旁若無人而子路將皇皇欲何

之矣但見其拱而立云

落想遠而出華近最是小題妙手 杜麟出

體整以潔氣清而厲脩然如鶴峻之凌空 鮑蕃宣

稍其鈙 余

植其杖而芸 而立

林開泰

高於芸者吾黨故心異之也蓋丈人自植杖而芸而子路胡爲乎拱立若曰此非芸中人也意其托於芸而高者耶昔春秋之世奇士大半托迹耕芸故凡窺古致高事迂情遠者吾黨皆心爲異之而不能恝然去者也如子路與丈人是已當子路尋師不遇徙倚彷徨而丈（晴對若序）人以寥寥數語謝之此豈尋情也者然且聆其言既不同調覩其態復不近人而言畢而杖植矣爾乃搽蓧而前入土而耨沾爾手塗爾足莫爾草培爾穀蕭然者芸中境耶油然者芸中趣耶帡然而奇拙然而性者芸中舉止耶丈人曰吾樂吾芸而已矣而子路曰此殆非

芸中人也吾聞楚蔡之區頗多異人其遁跡也十畝之閒以稼以穡逃有相之道高耕莘之風辭義種之勞避伐檀之誚以為芸中人耶

眼注下文隱者二字發出如許奇真是手筆

而安知其不為龍之潛而姑混於鷄之棲也以為芸中人耶而安知其不為鳳之衰而暫憩彼兕之率也今此丈人道貌龍鍾動止非常欲以芸中人輕視之不得矣欲以芸中人恝置之而又不能矣而不覺動於容而拱也靜與對而立也第見芸者在田立者在畔在田者

又中有畫意絕

無心求侶自同鳥獸之羣在畔者有意相迎幾同雌雄之共在田者不知其為拱雖相去一畦示人中央之宛在畔者不知其為芸雖

治一時相對默無一語道旁觀者正不知

以下句做上句全。以神行。君身有仙骨矣。

植其　林

植其杖而芸

龔道揆

丈人之自勤其事若無意于賢者矣夫芸固田家之事也丈人之植杖而芸是尚有意于子路乎且異哉高人畸士之行也人方喤于途迷途而彼趨執其本業得毋謂已事不治而徒與人相問荅無異于舍其田而為人芸田是以終已不顧乎如丈人者誠足誌甚以役于子路之問不以告乎甚而反有以責之也或者諷切之情詞已畢而以杖相指明避其趨向之何方未常不可慰歧途之迹抑或者譏誚之語言已說而曳杖逍遙婉愉以周流之何益亦未始不可見靦面之情而丈人不然也但見斯時也杖植于地自

時令小箋　論語

得其息肩之安芸草于田特嚴其非類之去載芟載柞率其勤四
體者之常雖異鄉之客徘徊于中路而彼不暇計也其鎛斯趙自
（焉○芸○）
（子○雖○悲）
勞ㄋ于日午之餘而已揷杖隱徂畛盡其分五穀者之力即遠方
（早○為○止○宿○也）
之人倉皇于道周而彼不復問也其笠伊糾尚僕ㄋ于晚風之前
焉耳甫田之下果有草之滋蔓乎果有莠之未抽乎致力于疆理
（從○下）
丈人之自謀則宜也而子路何以為情也南畝之間猶有稂莠之
來去乎猶有荼蓼之未鏟乎畢功于餘暇丈人之作息自便也而
（不○睨○然○旨○前○後○相○形○喜○者○揖○貼）
子路將何所之也想其始荷杖前來而岸然古貌于路方窮幸為
天假之奇緣乃兹之植杖隴上而奚處弗遑丈人幾不欲于斯人

爲同與吁爲丈人者矣而不已不與耰而不輟者同一絕人逃之情乎而子路則已拱立爲敬矣于是丈人亦從容攜杖與之偕行而歸

餅花盆草亦自宜人何况一丘半壑蒔篁用云情致幽閑如入桃源深處

植其杖　龔

揜其不善　肝然

庚午順天一名　陶國果

工於欺人者、窮於所見矣、夫善不善自有真也、而小人乃恃揜著以為工、肺肝如見、其亦知有人之視己者耶、且天下未有生而為小人者也、彼以為有視之而不見者、而小人之術遂成、然以為有視之而不見者、而小人之術終敗、夫使小人之術果不敗也、則天下無不善自匿之小人、而小人之揜術為甚得矣、彼小人而厭然、由昔畏君子之知之甚、夫君子之偶窺竒、必不留餘地以相容、而人也之抑遁、安所得藏身以自固、掩情飾有見自之處、以仍故、小而滅其跡、託虛境而待其似、則其心為亡欺、而行詐終無假借、

揜題眼目、總交上下、轉到如神

反跌見處際

仍自合揜[illegible]

提掇出暇處[illegible]行跳出人字亦見分

清蒼

神

之逸將自縱而蕭積久之懲疏取而日遠之之譽斯其計為已拙
彼為非不知不善之當去也乃不務去也而顧自揜之亦非不知
善之當為也乃早不為也而顧欲著之是真能聽其揜焉著焉否
耶即使機變之才或可眩夫當世之揜即其善惡之真著亦見乘
彝之好夜氣猶存何以慰神明之內疚而況譸張之態即能矯於
一時而不營蕩此其跼蹐營亦徒見其補苴大廷相對又奚逃指
摘之紛乘蓋揜而著之者存乎己而視而見之者則有人彼方謂
援象貌以為憑則視之終疑形似耳而不知視之切即已見其真
也葉相證面而有間之際必呈縱素肺生平而無實之

揜其不善 肝然（大學） 陶國果

纍乎如貫珠

則善不善之殊致在己欲倒置其位而在人偏如分相還應亦揜著者所念不到此耳彼未嘗揭隱秉而相晤則所見似在膚寸耳而不知見其淺正以見其深也驟欲隱其所聽迹難去而神當遠欲飾其所無貌難親而心隔則揜與著之相濟在己方持而念入類皆而在人己之一成於百變應亦揜著者所聞而心隔乎如見其肺肝有必然者果不難恐下之視己也夫然必本於如神而其然乃歸於衆著於以知彌縫之掀際有自開亦不啻己之視己也獨吟我有障之蔽而衆喻則無節之豐盈以知幽隱之區幾難終秘爾奈何人各有己而不能愛其己也

掄其不

陶

墨卷惬心集

挍咏切理機旺神流其一種淵雅名雋之致文如其人隆芸雨元

燈下茲未墜廖古檀

極高明而道中庸

癸巳 孫見龍

有極且備者，而高明與中庸交致矣。蓋德性本高明，問學本中庸也。極之道之，君子尊道之功，又有如此。且天下惟聖人所性既定，（根上聖人高題）而物欲之汚自不能累也，所患既純而偏倚之端自不能惑也。自（一曾引入）非聖人，而秩乎欲者未淨，擇乎理者未精，則累我者日積，而惑我者多途，非君子所以凝道之功也。然則君子之尊道，豈僕致廣大（嚴卸妙于輕便）而盡精微哉。今夫天下未有廣大焉而猶淪乎卑暗者，仁義之兼超形氣而獨先，是何如其高明也。抑天下未有精微焉而猶入乎畸異者，從遺也幾，次是非於至當，是何如其中庸也。然高者有時（幾作三層）

鍊詞理實氣雲筆力如一錢捨于平時其精

而卑明者有時而暗中者有時而暗庸者有時而異君子將以

各盡其功也抑高非至高猶為卑明非至明猶為暗中非至中猶

為時庸非至庸猶為異君子將何以極盡其功也且泥中庸而自

閣于形下之迹或反騁高明之本體役高明而日鶩乎守寂之境

或反失中庸之實事君子將何以於盡其功也則吾見其靜以酬

之虛以澄之淡泊以瑩之無物之天不書與造化為游息其極高

明有如此者則吾見其遵而循之守而依之時措而宜之率履之

地必欲得民彝之會歸其道中庸有如此者或積累以擴幾則潛

從發精透下落斬截

而極焉漸而道焉嗜慾然捐高則自不可捺隱怪既絕中庸自不

可離或精進以相圖則相者益熟道者益道高明之道必至於無思深說來透可加中庸之行必至于不可易而且以道之者為極高明之內無理十分圓足非中庸而事當其可物順其宜祇以全吾德性之照融苟一事稍非乎常道則高明之體已滿而且以極之者為道中庸之內本自高明而驕然於中皎然于外乃見一般吾問學之華縟苟一念含錮收懸緊索其虛靈則中庸之進必躋蓋高明褫而德性乃不滿于界暗也中庸道而問學乃不入于篤踐也此謂君子尊道之事而修凝之實功也然而不止此也

筆之精銳直破題堅柔入雅處實堂奧闡理顯科此一座琉璃

所以發聲也
此等題繇然索奉畏若孤城重于頑石一經慧心入手乃覺殊
攏活潑分說合說互說無不如志而精采叉發四映豈非神勇
張履安

極高明

此

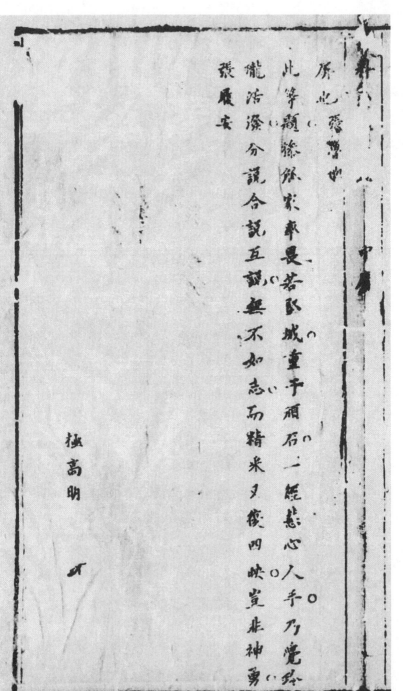

極高明而道中庸　許獬

君子之於德性、極其體而無所增也、夫高明、性體也、而行不中庸、亦豈率性之道哉、且夫德性從何而來、從天命來者也、夫高匪天、穹隆無限者非然、然天雖高也、不離下濟以為高、其明匪天、洞矚無際者非然、然天雖明也、不離易知以為明、蓋天下惟中庸之理、顓蒙不能揜、聆智不能加、則似平非平、而高明之體寓焉、天下亦惟高明之衷險怪不能亂、駭世不能移、則似奇非奇、而中庸之執出焉、原非二也、君子知性、既擴其所來、至以與清虛者遊、又遵其所常行、不為奇衺者亂、人心亭亭、物來而欲或蔽之、則卑卑焉矣、其高乎、其惟仲物上不辰物下乎然而物有上道於上也矣。夸則不經，毋寧塗諸之。是守耳入心，皖皖塵外而私或溺之，則猶吾欲極其明乎其惟遊物外不溺物內乎。然而物有外道無外也，反之經常，旬有在焉，可立異而不為異矣。蓋吾聞古之淵思玄詣者，德雖達矣而功不遠人，彼其無聲無臭之載，聞然修之而即是。夫孰謂性命之非易簡也，是極之耶所以道之也。吾又聞古之辦心下學者，名跡未嘗駭俗而精神可以證聖，彼其與知與能之理，終身由之而不盡。夫孰謂精粗之非神化也。是道之即所以極之也，以此語問學，問學雖要渺而非幻，以此尊德性，德性不勝揭而亦若矣。大哉聖道，渉君子其孰凝之

不錄不入只長蘊蓄

文、時、

時字、道字、說字成一線

評

以閒話起○才脫正講○　以閒話收○何也○試參之○頗謝作

最難在點○不寫若上半篇說高說明下半篇說中庸便離却而

字矣此文得之

極高明

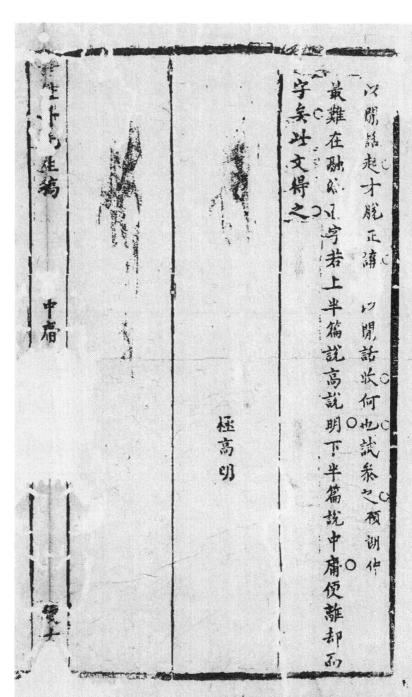

棘子成曰 全章　方苞

文質之說兩賢俱未有當也。蓋文以輔質、盡去之則失、而等視之亦未爲得也。是惡可以定文質之論哉、且君子當時俗之流、而觀質文之變、蓋有不能自已者焉。其一時相與論議、或憂思而發爲感慨、或平心而有所折衷。莫不自以爲至矣、乃以己意爲衡、而不求其理之至。是以合諸先王之大全、安在其能無弊也。夫生民之初、質而已矣（文質本末源流數語括盡）。聖人知其徒以質行、而其質亦有所不能達也。于是乎制爲緣飾之（兩家深淺皆見）宗以載其性命之情、而其隨世而變、因漸而加者、亦遂寖以繁多、而不能復返于其始。是其本末先後之相需、而不可以偏廢者也。在周

老氣

之衰而文之弊極矣故棘子成者悄然傷之以謂君子任質自然而何以文為也斯言也豈非君子尚質之心哉雖然以為後起之數鑿（說本蘇氏）其本根而思去之至於一切去之以至于蕩然而吾心亦為之不適（說本昌黎）方其未嘗有是而以為固然故相與安之至于既已開之而禁之勿用則其勢將有所不行心之不適而勢之不行棘子雖獨能任奈天下何宜子貢之矍然惜之也而惜其所以拆之者則曰文猶質質猶文所以喻之者則曰虎豹之鞟猶犬羊之鞟（大家風力）嗟乎棘子誠不宜易其言而子貢之言亦何容易哉竊先王制作之心則或抱為根源或由是假道既不能盡泯其低昂論末流補救之道則衡重內而輕外無

務華以絕根亦不得漫無所左右且夫君子之與小人異世共質而文附之潸也虎豹之與犬羊異其鞟而文從之者也使君子失其文而無異于小人不可以為君子使小人舍其文而無異于君子不得謂之小人且既同為鞟矣而猶別而白之曰虎豹之鞟焉曰犬羊之鞟焉則雖去其文而其質之不能混而同者可見矣故君子之為說也要於理之至是而不求苟異于人子成之說異于衆人矣而見病于子貢子貢之說異于子成矣而于先王之道本末先後之間參差而不能盡附也文質彬彬然後君子天下靡靡于衰壞而學者不見先王之大全各持一說以為宗往而不返其終能以復合哉

（悄繞）

（文質不可平論即從末二句精彊頓挫極矣）

（隨手收拾古文章法）

方靈皋稿

節奏與子固爲化尤可敬者一往鶯粹矜貴不作李厚菴先生恰語

根據朱子意旨發得精透而筆力融鑠則尤躡躋于蘇氏之庭劉

大山

得眉山神髓不僅在氣局之間在制義靈臯固已自關一境戴田有

韓子威　若

棘子成曰君　一章

國子監孫大司成月課一名　方苞

文質之說、兩賢俱未有當也、蓋文以濟質、盡去之則失、而等視之亦未為得也、是烏可以定文質之論哉、且君子當時俗之流而觀質文之變、蓋有不能自已者焉、其一時相與論議、慼憂思而發為感慨、或平心而有所折衷、莫不自以為至矣、乃以己意為衡、而不求其理之至、是以合諸先王之大全、安在其能無弊也、夫生民之初、質而已矣、聖人知其徒以質行、而其質亦有所不能達也、於是乎制為緣飾之、而以載其性命之情、而其隨世而變、因漸而加者、亦遂寖以繁多、而不能復返於其始、是其本末先後之相需、而不可以偏廢者也、在周之衰而文之弊極矣故棘子成者惜然傷之以謂君子任質自然而何以文為也斯言也豈非君子尚質之心哉雖然以為後起之救弊其本根而思去之至於一切去之以至於蕩然而吾心亦為之不達方其未嘗有是而以為固然故相與安之至於既已開之而禁之勿用則其勢將有所不行一心之不遂而勢之不行棘子雖獨能任棄天下何宜于貢之瞿然惜之也而惜其所以折之者則曰文猶質質猶文所以粉之者則曰虎豹之鞟猶犬羊之鞟嗟乎棘子成不宜易其言而子貢之言亦何容易哉竊先王制作之心則或抱為根源或由是假道既不得盡泯其低昂論末流補救之道則寧重內而輕外無

務華以絕根亦不得漫無所左右且夫君子之與小人異其質而文

即借此二語作翻轉　宋子矣使一篇

附之者也虎豹之與犬羊異其外而文從之者也使君子去其文而

君子與一篇辭眼之人相別求　本不以文見畢竟內人所惡自別

無異於小人不可以為君子使小人含其文而無異於君子不得謂

之小人且既同為鞟矣而猶別而白之曰虎豹之鞟焉曰犬羊之鞟（質辨）

焉則難去其文而其質之不能混而同者可見矣故君子之為說也

要於理之至是而不求苟異於人子成之說異於衆人矣而見病於

子貢子貢之說異於子成矣而於先王之道本末先後之間參差而（古其）

不能盡附也文質彬彬然後君子天下靡靡入於衰懷而學者不見

先王之大全各持一說以為宗往而不返其終能以復合哉

本朱子之意以立言持論最是當行文亦古健非常

縣子成　芳

棘子成曰　全章　方　苞

文質之說、兩賢具各有當也、蓋文以輔質、盡去之則失、而苛濫之
亦未為得也、是惡可以定文質之論哉、且君子當時俗之流而觀
質文之變。蓋有不能自已者焉。其一時相與論議。或憂思而發為
感慨。或平心而有所折衷。莫不自以為至矣。乃以己意為衡。而不
求其理之至。是以合諸先王之大全。安在其能無弊也。夫生民之
原評：文質本末
初。質而已矣。聖人知其徒以質行。而其質亦有所不能達也。于是
源流數語提原兩家滲漏皆見
乎制為緣飾之用。以載其性命之指。而其適世而變。因漸而加者
亦遂寖以繁〻多。而不能復返于其始矣。其本末先後之相需而不

可以偏勝者也在周之衰而文之美極矣故棘子成者悄然傷之以謂君子任質自然而何以文為也斯言也豈非君子尚質之心哉（原評說本韓氏）雖然以為後起之數鑿其本根而思去之至於一切去之以至于蕩然而吾心亦為之不違（原評說本昌黎）方其未嘗有是而以為固然故相與安之至于既已開之而禁之勿用則其勢將有所不行心之不違而勢勢不行棘子雖獨能任奈天下何宜子貢之瞿然惜之也而惜其所以折之者則曰文猶質質猶文所以喻之者則曰虎豹之鞹猶犬羊之鞹矣棘子誠不宜易其言而子貢之言亦何容易（原評大寶風力）哉竊先王制作之心則或抱為根源或由是假道既不能盡泯其

低昂論末流補救之道則寧重內而輕外無務華以絕根亦不得漫無所左右且夫君子之與小人異其質而文附之者也虎豹之與犬羊異其鞟而文從之者也使君子去其文而無異於小人不可以為君子使小人含其文而無異於君子不得謂之小人且既

（慎絕以許即從末二句指破啟妙極矣）

同為鞟矣而猶別而白之曰虎豹之鞟焉曰犬羊之鞟焉則雖去其文而其質之不能混而同者可見矣故君子之為說也要於理之至是而不求苟異於人子成之說異於衆人矣而見病於子貢子貢之說異於子成矣而於先王之道本末先後之間參差而不能盡附也文質彬彬然後君子天下靡靡入於衰壞而學者不見

（原評魔手拔俗古文章法）

丙戌會試　下論　成功

先王之大全各樽一說以為宗往而不返其終能以復合哉

節奏與子臣為化尤可敬者一往瑩粹矜嚴不作　李厚菴先生

心平氣和理明詞暢其音節又渢渢乎與古會矣

棘子成曰君　二節

江南宋撫臺觀風吳昺
宜興縣學五名

救時者有已甚之言、惜之而無及矣、夫子成之言以救文之弊、而不知其已甚也、其言一出而已無及矣、可勝惜乎、且習尚之自質而趨于文也、衆方靡然而莫之止、而一人者獨矯然出議論以待其流、其意固亦無惡于天下、而出之不審、或輕發為過正之詞、而不覺吾之（入乎乎拎攏）慮其議論之先不及自持也、春秋時一文勝質之天下也、世之說者方且曰文而已矣、而吾將矯之曰質、重世之說者方且曰何以質為、而吾將矯之曰文輕、是雖以數十百君子大聲疾呼于其間、猶懼其力之衰而不足以為之救、而不謂始為是說者獨有一棘子成也、其

意深其詞激其言直而無隱其義遂而無餘向君子質而已矣夫質
之重也固也然獨不于嶄質之餘轉一慮也乎使轉一慮焉則為是
說者當必徘徊而幸可商也而子成則有所未暇也曰何以文為夫
文之輕也似也然獨不于點文之餘進一解也乎使進一解焉則為
是說者當必婉轉而不敢以遽也而子成則有所未遑也嗟乎子成
之志苦矣而子成之說甚矣以世俗而論子成則子成固大有功以
君子而貴子成則子成安得辭其咎也即以君子而論子成子成亦
未為無功然正惟君子以為有功而君子乃愈以為可惜也為是說
者不過懼天下之不能翻然易以從我而故甚其辭以決之也然意

本無他而說之不善使天下誤于其說而不復更詳其意子成即以、
百家以為之解豈有及哉而原其創論文質之初固不料其後之無
如何者一至于此也然而勢固必至于此也且夫以世之重文輕質
打轉題處
二股方有照應
而未有已也幸遇一矯枉之君子又以說之過正而同歸于枉是適
以啓夫尚文者之口而益堅其趨也不亦重可惜哉宜子貢有駟不
及舌之歎也夫
清矯之筆曲折省題留待下節地步在

棘子成曰　二節

乾隆辛巳　曹仁虎

矯時者欲以質勝其失言爲可惜矣夫文勝而矯之以質子成之意誠君子也然其說則過激矣子貢所以惜之今以世風之不古也得一有心人爲之維持其際而不惜出吾說以爭之未始非世道之幸矣然而情之自激每不免說之有偏卒之欲以救世之弊而反不能自救其言之弊感慨係之不自覺其譏何容易焉蓋嘗總春秋時計之已成一文勝之天下有棘子成者言君子之言心君子之心而思以其說易之者也彼其意以爲理必從乎其朔事必溯乎其宗太古之時知有質不知有文也後聖人起而始乎朝

廷○郊○廟○達○乎○里○巷○閭○門○莫不有○文以濟之○豈意流極至今○遂浸淫
而不知所極○乎嘆○乎○習俗移人○賢者不免○而抱撫時之隱念○不禁
有慨○乎○其○言○變本加厲○舉世若狂○而存○濟○世○之○苦○衷○安○能○忍○與○此
終古○其○說○曰○質○而○已○矣○何○以○文○為○夫○子○成○亦○猶○行○君○子○之○道○也○今
○憤○可以有○力○
夫○人○立○意○固○貴○其○無○病○而○立○言○尤○期○其○無○弊○蓋○人○情○每○狃○欲○救○之
端○而○發○憤○于○正○論○之○孤○則○心○以○過○切○而○成○憤○彼○既○以○文○勝○吾○偏○矯
○憤○出○救○世○苦○
以○質○勝○而○相○勸○而○吾○之○說○務○有○其○獨○伸○庶○以○稍○殺○其○積○重○難○回○之
○素○非○狂○憤○激○而○已○
勢○是○其○說○不○介○調○停○于○兩○可○始○能○確○定○于○一○尊○也○子○成○之○立○意○有
原○無○然○世○運○當○極○難○返○之○候○而○徙○執○大○偏○未○之○見○則○論○以○相○救○亦○

益堅吾欲以質勝彼人思以文勝兩相爭而彼之說不能以驟下何以立挽其浮華是尚之風是其說非以服尚文者之心反以藉尚文者之口也子成之立言可惜也夫子成亦猶行君子之道也噫嘻其甚也吾思士大夫操風厲斯世之權其一時議論天下爭傳爲風俗爲使斯言一出而天下若爲弗聞也者又何樂乎有斯（此意好）言乃或轉相慕效而反晦其黜華崇寔之本心恐一時有激之談（大體）亦終非世道人心之福詩有之曰莫捫朕舌言不可逝其子成之謂也駟不及舌子貢蓋深惜之矣夫時至今日古道云遥求一重本抑末維挽頹風如棘子成者已不可多得然而補偏之念太甚

韓子成

即偏之所由生矯枉之情過深即枉之所自伏嫉俗有餘情而猶詞無餘地吾黨所爲惓惓致惜也特未識子貢之說果有合乎君子否乎

不抹倒子成不貶駁子貢一氣團結中有英偉卓越之槩　原評

寸兩下神情曲曲體會英姿爽朗[illegible]

棘子成曰 二節

三名 曹仁虎

矯時者欲以質勝其失言為可惜矣夫文勝而矯之以質子成之意識君子也然其說則過激矣子貢所以惜之今以世風之不古也得一有心人為之維持其際而不惜出吾說以爭之未始非世道之幸矣然而情之自激每不免說之有偏卒之欲以救世之弊而反不能自救其言之弊感慨係之不自覺其談何容易焉蓋嘗總以春秋時計之已成一文勝之天下有棘子成者言君子之言心君子之心而思以其說易之者也彼其意以為理必從乎其朔事必溯乎其宗太古之時知有質不知有文也後聖人起而始于朝

論語

廷郊劇達于里巷閭閻莫不有文以濟之豈意流極至今遂浸淫
而不知所極乎嗟乎習俗移人賢者不免而抱抹時之隱念不禁
有慨乎其言變本加厲舉世若狂而存濟世之苦衷安能忍與此
終古其說曰質而已矣何以文為夫子成亦猶行君子之道也今
頌句有力
夫人立意固貴其無疵而立言尤期其無弊蓋人情有迴徵放之
端而每苦于正論之孤則心以過切而成憤彼既以文勝吾偏矯
傳出救世苦
以質勝而相勗而吾之說務有其獨伸庶以稍殺其積重難回之
衷非徐從容而出
勢是其說不介調停于兩可始能確定于一尊也子成之立意可
原也然世運當極難返之候而徒執夫偏主之見則論以相持而

蓋聖吾欲以質勝彼又思以文勝而相爭而彼之說不能以驟下何以立挽其浮華是尚之風是其說非以服尚文者之心反以藉尚文者之口也子成之立言可惜也夫子成亦猶行君子之道也噫嘻其甚也吾思士大夫操風厲斯世之權其一時議論天下爭傳為風俗焉使斯言一出而天下若為弗聞也者又何樂乎有斯（此言好）言乃或轉相慕效而反晦其黜華崇實之本心恐一時有激之談亦終非世道人心之福詩有之曰莫捫朕舌言不可逝（大雅）其子成之謂也駟不及舌子貢蓋深惜之矣夫時至今日古道云遙求一重本抑不継挽頽風如棘子成者已不可多得然而補偏之念太甚

即偏之所由生矯枉之情過深即枉之所自伏嫉俗有餘情而措詞無餘地吾黨所為惓惓致惜也特未識子貢之說果有合于君子否乎

不抹到子成不貶駁子貢一氣團結中有英偉卓越之槩

陳子成

曹

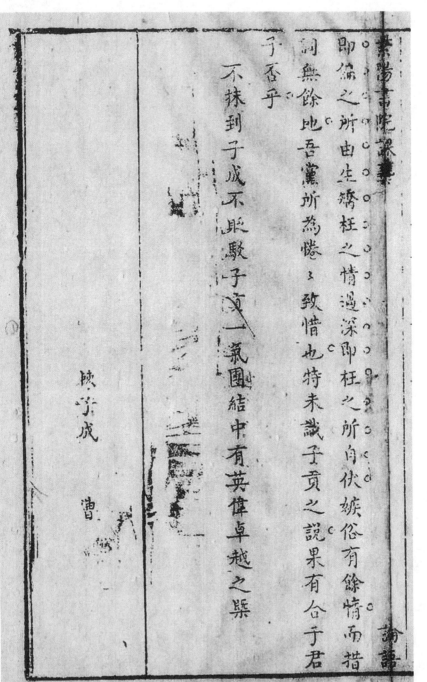

棘子成曰　子也

月課龍溪縣學一等一名陳嘉謨

大夫有崇質去文之論賢者惜其意之徒善焉夫子成救時之弊其意不謂不善也然可惜者正在是矣且人心風俗之原賢士大夫實操爲操之不能而激爲高論以相矯此蓋不得已之意亦不求諒於世矣

分際釐然不同掉矣

然世不諒之吾黨固能諒之亦惟諒之轉不免咨嗟太息以道之

含毫邈然恰如本位而不見局促之痕

蓋人競浮華莫敦古處宜嫉俗者之詞厲也而衛言者亦自此感深矣當周之末文弊極矣其時絶不睹歸真返樸之風其人併不聞匡謬正俗之論

法須暑伏以鈎起止然非他手硬掉之比

此一二君子所謂愁焉神傷而急欲争之者也

又將本位引滿下節及奏

於是棘子成之説出焉其説抗言而求勝故奮不遑

(即意自然並到。按君子也。)恤之意絕不以紛華奢麗希悅耳於恒流其說負氣而相爭故急不暇擇之餘並不以委曲周詳求見原於儒者(按惜乎。)謂草薄從忠之道當執一格以孤行遂覺上世之士鼓汙尊已盡生人之本治之謂除(長題正面只可如此還清一排敘則連營八百矣)煩滌濫之功必使萬緣之俱屏遂覺古皇之仰觀俯察無非多事之經綸君子質而已矣何以文為其意憤其詞決一時風流相尚(恰好矣出惜字)之衆聞而毀者當不一一時清淨自好之士聞而譽者亦必有也子貢聞之而喟然曰吾不敢為毀與譽也吾獨不免為夫子惜耳於隨波逐靡之中標夫子崇本黜末一洗庸衆之視聽亦竊私心(二比宛轉低徊絲毫不溢題位亦絲毫不)華之華之斯惜之矣夫使為斯言者非今人而有懷古之思又何走逝氣必聽斯言者復局外而作平情之議與奢寧儉與易寧戚之旨矣子乃固已知之也有心人誠不易得得之而猶足動旁觀之嘆息者竟如斯也哉於踵事增華之日獨夫子抗懷希古甘受世情之齟齬又曷禁悄然悲悲之愈惜之矣夫此語差強人意寧云滋害意之疑而所聞未滿余心亦未始不作原心之論禮勝則離樂勝則流之戒夫子乃竟能道之也知言者誠未易〻知之而愈不禁中心之是悼者又如斯也哉惜乎夫子之說君子也蓋其為識也本高不原其救世之心其心必有所不服而其為意也雖美但諒其匡時之志此志亦僅屬堪嘉此子貢許為君子而惜之歟嗟

乎風俗遷流靡ミ者類不足道一二留心世道如子成者又復矯枉過正不合於聖賢之執是救一弊而生一弊後世虛無放誕之風又此言階之厲也律以責備賢者之義能免駟不及舌之譏哉

餘音繞梁

惜字雖貫二句而惜意實從君子也句生出截出此題意蓋如此非他偏全之比諸卷或較量文質直犯末節或貪發上截頭重腳輕或呆做惜乎竟侵下句或但粘君子竟脫惜乎甚有不知兩君子字有别認爲搭題關合者尤爲鄙陋文乃因難見巧步伐秩然

陳育嘉選

棘子成曰　二節　　辛未　葉藩

矯時弊而失之偏。其言當為天下惜也。夫文質。春秋時久不聞此說矣。然曾謂君子也而若是激乎哉。嘗思時俗之流弊。庸人逐之而趨。一二有志者所為感慨生歎也。雖然天地運會之事。既付吾徒。則豪傑意氣之偏。亦非時福。庸祿者靡論已。探諸學士之殷懷。而風會幾不留餘地。然則立言之道。蓋其難也。春秋時之藝文久矣。當日若歌舞其於陳風。溜遊淫于齊俗。下至成林甫草。青佩錦囊。恬不為怪。君子讀其詩而發喟焉。以為衛風始變。何靡靡入於衰壞。竟流及天下而莫可救正若此。之其國之大夫所

由扼腕而悼矣今夫世事方移則數百年中急須一有識之儒抱
諄古澹泊之懷以勵勞而人心既濟即寶豪間者且欲以從宜之
解祖未然續萬也其以自操由斯以譯非盡至滅質存文焉不止
而謂棘子成其人能忍而與此終古哉一旦對子貢曰君子質而
已矣何以文為意者有激言之其究切論也而吾不解子貢於此
何以轉恤乎如有所失也世道人心之討傷懷大畧相同典型之
望感慨係焉夫豈不欲引斯民於隆古乎第思於氣化爭盛衰不
免於學識參醇駁揣變有才轉變又變才非世所望也古君子功
在陰陽而從容定策正不必斷盡前人之局耳昔是今非之故流

華何能盡命祇註之詼漂泣道焉夫寧不可告此意於先王乎哉
本聖賢援世之心而雜以奇詼傷時之論習非一失刖非又一失刪有偽春此書人吐氣
亦議者過也古君子教關風會而沈謹直言實懼惡偶始來者之譏此華不可少
耳夫子成者其人何可多乎則其說不深可惜乎哉商榷合匡居
雜剴切奚関于國是而此日之淋漓感唱何如也波靡既久天下
事概可知然必處周季而樂皇初則當時辯濯之綱識者何獨以旁然背準繩者不
過臨疵其意歟陳在末俗縱躁激何害於時宜而此際之明目爲
聽何人也補救從權有為者亦若是使竟遠與情而崇古淡則異所以歸獻王謝
日清狂之誤儒者必將以首禍罪其人夫文勝之風遷流不知胡

底矣。自君子者出，思以身濟此，誠斯世所難，而持說又詭於正。則夫過此以往，有懷國奢示儉者，其千載未易可期也。

上節題氣甚負，引之使出；下節題情甚隱，托之使顯。樂意生香。

指關不斷，讀之如望九疑、溯三湘，何止十首不能去。廣會叢

棘子成曰君　二節

江南宋撫臺觀風　宜興縣學四名　儲大文

存質去文之說，質者惜其失言也。夫專存乎質而盡去乎文，子成之意非不美，然而失言矣，此子貢所為深惜歟。今夫文勝之弊，世人既見之矣；尚質之思，聖人既還之矣。雖然，意亦不可偏也，詞亦不可激也。甚矣，春秋之世之趨于文也，夫惟有君子之名故也。棘子成者返其說曰：予之審文質也，嘗聞諸君子也。夫君子亦猶行古之道也，使君子文過其質，人之稱斯質也者，其謂之質歟？其不謂之無益之質與？使君子質有其文，人之稱斯文也者，其謂之質與？其不謂之無益之文與？夫質也者，示人無知也，不專存而不可為也。君子所以引

古調

而近之也文也者示人有知也不盡去而不可為也君子所以推而
遠之也質而已矣何以文為夫君子亦猶行古之道也子成之說如
此噫其甚也子貢曰有是哉夫子存質去文之說也何好乎我來之
前開也賜蓋為夫子惜之甚夫文多質寡之說人之法（紆餘委折）君子與而從
者已失其為質也又何惜焉有文無質之說人之蔽君子與而文甚
亦失其為文也又何惜焉夫子之說若子也位雖高也時雖後也今
之俗勿敢徇也古之風勿敢忘也夫子之說亦猶行古之道也然而
其說曰質而已矣何以文為假令斯言也出而若為弗聞也者而置（妙）
之吾猶無惜爾然而人之聞斯言也者其必曰夫子盖有為言之也

卽令斯言也出而視爲有激也者而適之吾猶無惜爾然而人之誦斯言也者又将曰夫子（妙）非有爲言之也夫可挽乎悔可進乎駟不及舌賜也盍深惜之也夫（神味不盡）夫子之說君子也盍子貢與開從先進之訓而於子成之說一若重有惜者甚矣世之尚文也

以檀弓筆法爲時藝曲折反覆令人不能驟解于遺卷中得之始嘆有意摹古識者正不易也 溧陽縣學第二名亦從廢卷中撿出

原批

無一語非檀弓句法却不曾有其口齒盍牙頰間别有爐鞲異乎生吞活剥以爲古奥者然不遇真賞遂埋沒于廢紙堆中矣誠哉識者之難

惡不仁者　其身　十二名陳振彩

夫所惡以專所為而不仁之端絕矣夫仁與不仁不容並立者也善用惡者所以能自全其身耳且夫與身而俱來者仁是也無端而自累其仁遂躬必惡然矣夫樹德莫如滋去疾莫如盡將欲完吾身所固有則必祛吾身所本無儒者去私存誠之謂未有不由一念之嚴密所積而成也善由好仁而進觀惡不仁者人生用惡之端律人貴恕律己貴刻故理欲之界不必其在顯也本炯然之良心以燭照于幾微之動則仁不仁之分塗可以觀察識之詳審人生見惡之宜在外恒寬在內貴嚴故公私之別無庸以自証也

恩科福建魁卷　詩四房　三六

本有立之操修以出入於危微之地則仁不仁之互貢要当善取舍之權衡今夫仁之道亦在乎為之而已矣為之而必斷其爭者所以充吾身之量也為之而必立其閑者所以絶吾仁之累也夫不仁者之為累其害可勝道哉天下莫多于吾仁由一善以推於萬善而不仁者環伺紛投其類亦集而衆至則始而相嘗者繼且至于相加矣夫仁為一身之主宰而物得以相加是孰使之然也天下莫熟于吾仁自有生相依至今日而不仁者紛誘習至其情漸而易親則始焉相狎者繼亦至于相加矣夫仁為吾身之良而物得以相加又誰為使之也惡不仁者處之甚厭焉克復交

神明亦幾于無間而特恐不仁潛伏乎內雖多方補救而斷續合之迹虧于吾仁者已多峻其防于動靜之交而戒身甚固時懸一亦幾之責以嚴自而警心將絕乎其根原不同強制之為也吾自保吾仁已爾且遠之甚早烏存省既殄彌縫原可以不事而特慮不仁偶乘其隙即後時克治而舊染汙習之侵損于吾仁者已久策其神于惕厲之餘而檢身不及常備一頻復之吝以見微而知著將早為之所并無須善後之圖也吾益固吾仁已爾蓋一心分為兩念所為欲極其精斯所惡益形其切兩念併為一心為仁固無盡境而所惡又安有窮期夫是以絜其身于不仁以為仁而絕不使不仁之加乎其身也是謂惡不仁者而其如未見何哉

惡不仁者　其身

吉名鄭鳴崗

仁不仁無並立之勢、誠於惡者有真也、蓋既為仁、安所容夫不仁、而絕不仁、正所以為仁、誠于惡者如此、可易言哉、且此身亦甚貌然矣、既有生來、而處于無復加之勢、何又有後起而加之者、其勢常虞于廻不及防、此其中有兩途焉、而功密者直併為一機、以致之、於是乎備制防之功、以策吾存養之要、齊所之者雖多端、而絕之者無餘地、好仁者之為仁、不必言也、若所謂惡不仁者、抑豈其視好仁而二之、而偏任其惡也哉、蓋語天理、曰我固有、語人欲曰我本無、溯源於繼成之始、身內原不容一物、則形容成之端

恩科高大魁卷　易二房

若無藉以因仍而增長而生而靜者我之性感而有性之欲不
汩厥付畀之原此身或授物以柄將耳目鼻口之〻閑非為所牽
引而類從惟有此不仁者而後見無時無處不當為仁業為仁
則務絕不仁而斷〻然不使加乎其身也二一則其知夫在內者之
易於竊發而因以直乎其內者為內治之真其原也夫仁非外鑠而
不仁者亦不必不由中出非有主則實而漫言無欲則虛恐清虛
之地即為欲根之所倚伏耳懸一境于心目中而直追急起務底
平純粹以精之域將性命之源既清而蓄于內者妄念難並域而
底所為道心為主人心退聽者當夫察識致決時固真無所容其

惡未敢而窒者（論語）　陳元焻

惡未敢而窒者 依原評點

□學院歲考□安學一等第一名　陳元焻

聖人無妄作、防徒恃其果敢者也、知所戒焉甚矣人知果敢之可以作事而不知果敢而窒則妄作之害深矣聖人之惡至此而（開合大其理覆顛撲不破）蓋嚴哉且夫貞固足以幹事要本乎天德之智以為用明作哲以圖功初非任意氣之私而自是古今來聖賢奏績豪傑乘時疇非終恐明道有體有用之學乎而安有所謂果敢而窒者哉其咎真□□既鮮養氣之功乃懷寡昧又乏窮理之識喜事好功守□之大業謂可任之而無難豈君子之用□耶師心任臆聖賢之所戒焉而未或窺是小人之用心耶不盡乎時之宜不度

斷之材。若性生焉。而英挽[illegible]乖其方以起
其則躁冒之愆。每倍害焉。而蔽甚氣之盈者。矜自矜內之蔽
多偏。果敢與窒。相因而適相濟也。平居濛昧以自蔽。臨事剛愎
合斷。窒與果敢。互為根。亦互為用也。其人匪無才也。致敗[illegible]
其才。而天壤事業。常為才人之傾壞不少。匪無智也。致悞[illegible]
鑿而聖賢道德。將被私智之誣惑。往往多以之在上。而變亂國家之紀
綱。易祖先之成法。而紊蒼生咸受其害。樂翔其所其非。而若人方
且以為累。與同始迂儒。而遊寺填以之在下。而言爲而肆其
辨。行僻盃游。其堅即有昏之新規。以學道闡之者。諷以明拜而若

人方[illegible]不足以詩書[illegible]可法是其害較之勇無禮者旨有甚爲何也[illegible]氣之殊者禍在一身狗意見之偏者禍及一世也且其害比之私惡訕上背又有間爲何也失忠厚之道者不過大德之累[illegible]行之患者重貽吾黨之憂也則安得而不惡之嚴亟哉

覺學院原評

制藝須有根[illegible]於經者上也根抵於史者次之根柢大家者又次之[illegible]卷[illegible]經[illegible]史亦[illegible]古文大家舉止

惡果

惡居下流　一句

北直呂宗師歲試
任邱縣學一名　汪之棟

訕可惡也訕上則甚矣夫訕者謗善之謂而況訕其上乎可惡孰甚焉且夫稱人之惡者人猶與我敵也若夫愚不可解詎無所逃于天地並立之大常而有美則稱有過則諫此為臣子自盡之微志則即果有瑕疵而所以處之者必有道矣其可譸張為幻而至于訕乎哉夫水逆流非水之性也下訕上非下之情也功名之盛以忠孝為本如欲借資君父之過以要名則名為首惡矣抑或素譽不立名不過乎中人直由翕翕訿訿成于習貫漸且以施之朋友鄉人者流諸其上則其愚可憐其妄可惡若瞍象而鯀郭阜

歷而虞拜賡有是哉文章之盛以體要為宗如其變亂經紀之正
以立言則文為亂階矣節取無所短長文不逮于作者直由俚言
俗說不能自依勢日以乃逸乃諺既誕者激而成訕則其鄙可哀
乃如要洲不慘當之宜易乎
其險可惡芳威黃鳥以矢音扶清風而作頌賡有是哉且夫難乎
者心也伯奇之賢而流離比干之仁而橫分不平甚矣卒無懟焉
古人有慘于後人之遇後人無小于古人之心流放悲憂亦所以
原宋名臣惧不魯罹此
磨鍊利器而歌詩所傳怨望之詞過半蓋以聖賢處此必安之若
命耳夫事為聖賢所不為者皆訕類也而有隱有犯者義也不屬
寸毛弁鶯于邑母豈于罹祖巳抗言無隱宜矣又何誅乎敬至敬

不可見吾見之于面諍之日私議不可聞吾聞之于面諛之日脂韋泪沒即不至退有後言而清夜自思腹誹之詞不少徒取諸其懷而悉數之則罪可勝誅乎夫藏之意中而人不知者皆訓例也其能逃君子之惡哉嗚呼殺身不如直諫故申生之死非完節而謗書甚于佞史故春秋以後無史才吾蓋于子之所惡而益信上下之分定也

與語并驚表實遷

性靈灑灑　原評

上下有定分焉可任意雌黃麯心存撫使眯目聚神皇沈金文自足快論畢竟照訓上絲也文之淋漓酣邃痛發所以當惡之

惡居下流而訕上者　沈維基

上猶敢於訕可惡甚矣蓋訕則誣善訕上則大不敬也居下流者若此其可惡孰有甚于斯哉且夫天澤之分至嚴也以卑議尊且不可況又以不肖議賢乎然使其人當有愛上之忱而偶出焉稽之論則雖犯不韙君子猶或原之而下至以痛繼其人也彼猶人之惡者誠可惡然謂之人則非有上下之辨也乃更有甚焉者夥朋儕之指摘而加之君父作逆鱗之批非碎首之諫第快其忿忿之心而肆言無忌尊卑之勢有時而不行致箕舌之皷揚而轉為謠諑非川壅之時非貝錦之成第騁其幡幡之辭虛語無

非之公至此……是居下流而訕上也訕之……自起特之

罔上者之口耳堯舜……而然……日之則難為上矣夫上亦甚難下

之繩愆糾謬也奈何浮議桁于影響訛言條作歌謠是豈可以為

訕哉向亦患下流不可居其不則訕于人亦幸矣而反以此施之

上不意訕口囂〻上猶不免公媢以下犄〻衞而避其鋒訕之語

何所踐仍歸于犯上者之身耳……也而手足易之幾不復知有

上矣夫上亦甚不樂下之貢媚獻諛也奈何巷議丁于國是刺

識無興于惡亶豈可與〻辛哉向亦謂下流多訾議其見訕也

閫宜爾而乃以此訐……令終日乾〻訕猶不免自中主以下

更何術以防其口哉夫無訕者人臣之義也彼何人斯而敢于若此哉怨汝詈汝小民之無知亦或有之然未□其端而爲此（下流非造言之人故其訕尤奇）浮言也是人也既不同史監之規箴又不類瞍矇之□□□興謗使忠臣義士莫不聞而氣憤是（因忠義故言名教之地）名教之地所可容乃逸乃喭小民之無良亦時有之然不必積怨而至于妄毀也是人也既非伏闕而補牘以陳又非□從而退言其失譎張爲幻使肅耳俗以（因庸俗故言造言之刑）莫不聞而心疑豈造言之刑所可赦雖欲勿惡烏能已乎蓋澆訛（其狠不足責）之習既深不過好談人短初不知有爲尊者諱之義而怨懟之風（其惡則不可長）日甚雖欲借□辯不可無言僞而辯之誅矣者持惡計

心齊時　惡居下流

懸居下流

心畫時

人。而尚不正其畢也

公孫之劍器宕激赭長史見之以作草此則得之以行文者成

奇筆　胡竹軒

說得訓上者咄咄逼人道出情理外惡字不◦　周透筆墨瀾翻

有飛砂走石之勢君才萬人敵也　吳渭厓

惡居下流而訕上者　徐陶璋

輕議其上者、君子亦惡之焉、夫上下之分不可失也、上雖有過而訕之則非矣、是以君子惡之、子若曰古今來忠義之士往〻為君父而受過至予以惡名而不辭者○誠以已受其名而天下之責于君父者○可少恕也○夫不欲人之議上而已之為尊者諱○夫亦可知矣○是何也○曰吾居下流而分宜然也○分下而德豈必下乎○然不可以已之德議上之○不德○分下而才豈必下乎○然不可以已之才議上之不才○諫草（可○激○壯○士○肝○）○可陳○猶將宛轉于朝廷○以上○恐逆鱗之犯無補于君而徒損其名也○況敢訕焉○以暴上之○短乎○天意難回○猶將感化于格心之際[illegible]苦口

之爭自信無他而未為渾厚也況忍訕焉以顯上之非乎蓋言上者（誅心）
非有所愛于上也局外閒觀而笑其昏庸議其殘暴雖一朝悔悟而
終不欲為頌揚之辭訕上者亦非有所憂于上也肆意流言而謗其（句句是惡字所以然）
宮庭褻狀政事雖怙過不悛而初不抱危亡之患不見其入而爭且
見其出而議非不紹以唐虞而立心大遠于補過之君子有說以彰（快論）
君之惡無心于引君之善備其過乎桀紂而流弊反將為面諛之小
人將欲移之鄙淺私若人非有顯著之咎也且罪其君上而自託于（不得不惡）
清議之公反得謂監謗之謬則巧詐之口更甚于無稽將欲許其憤
激而若人非有骨鯁之節也隨聲于草野而既不類板蕩之憂傷亦

不同執藝之進諫則附會之談徒傷乎主德可勿惡哉

用筆精銳絕類正希先生　汪石衡

股法轉句法健文人妙筆似老吏爰書　張日容

惡居下

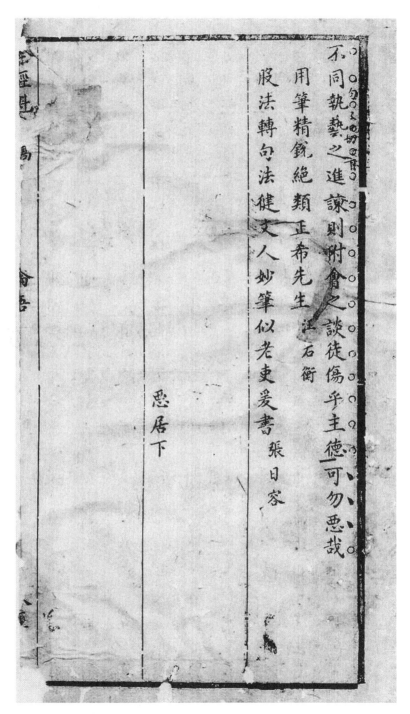

惡居下流　一句　陳兆崙

訕可惡也訕上則甚矣夫訕者誣善之謂而況訕其上乎可惡孰甚焉且夫人自忘其不肖而厚責人以有容此其獲戾於上下之交也決矣彼稱人之惡人猶與我敵也若夫恩不可解誼無所逃此與天地並立之大常而有美則稱有過則諫此為臣子自盡之微忠則即其上果有瑕尤而所以處之者必有道矣其可譸張為於而至乎訕哉夫水逆流非水之性也下訕上非下之情也功名之藏以忠孝為本如欲借戇於君父之過以要名則名為首惡矣抑或素譽不立名不離乎中人責由翕翕訿訿成於習貫漸且忘

之朋友鄉人皆施誚其上則其愚可憐其妄可惡若瞍豫而鯀[illegible]
舉體而虎拜豈有是哉文章之盛以體要為宗如其變亂經紀之
延以立言則文為亂階矣抑或無所短長文不逮於作者直由俚
言俗說不能自依勢且以乃竄乃謬既誕者激而成訕則其鄙可
哀其險可惡若感黃鳥以矢音挾清風而作誦豈有是哉且夫難
平者心也伯奇之賢而流離比干之仁而橫分不平甚矣卒無懟
焉古人有慘於後人之過後人無小於古人之心流放悲憂亦所
以磨鍊利器而歌詩所傳怨望之詞過半譏以聖賢處此必安之
若命耳夫事為聖賢所不為者皆訕類也有隱有犯者[illegible]也不

屬於毛弁鷘於邑毋豐於昵衵已杭言無嘔泌宜矣又何誅乎故至
敬不可見吾見之於面諍之日私議不可聞吾聞之於面諛之日
深文曲筆殺孟子是何足與言
仁義殺出來
脂韋洱泼即不至退有後言而清夜自思愧詸之詞不少使取諸
其懷而悉數之則罪可勝誅乎大識之意中而人不知者皆訕例
高一世之識
也其能逃君子之惡哉嗚呼殺身不如直諫故申生之死非完節
攜走歸靈
而諛者甚於佞史故春秋以後無史才吾益於予之所惡而益信
上下之分定也
義嚴詞正使狂悖之徒無所逃罪後此更作誅心之論字字行
間俱挾風霜之氣可為千古臣子龜鑑
劉蜀川

惡居下流而訕上者　　陳函輝

嚴不根之謗、而犯分者思儌矣、夫訕上而其心已無上矣、況出于下流之口乎、君子曰吾甚惡其倍也且君子之事上也寧必緘口取容遂足以明其謹哉但使匹夫之舌不枉筆削原自有權即令國士之報難忘糾繩豈遂無術雖然凡夫天下之能以我律上者必其身處第一流之品也非其為巷語為私人也凡天下之能使上服我者必其事關不容已之科也非其為謗書為巧詆也而吾闡世之季也不獨有稱人之悪已也誣人也而駸凌上矣犯上也而竟忘下矣昔先王懼後之借議論以蔑綱維也為之幅以上下

擲地有聲

奇峯峭出

之分懼後之逞風波而淆黑白也為之辨以流品之形故夫上之
人即有過法言巽言無所不可而誰是傳規傳誦之風漸移于議
訕且夫上之過即宜諫法家弼士豈曰無人而誰是公是公非之
萋最鈇鉞
典輕譏于庸流吾知其有不肖之心也明據野史之衡以杆一朝
之文網陰鼓小儒之吻以搆四國之雌黃而訕之囂既開吾又知
其真無忌憚之人也正恐上得以王章繩我而先逃之清議更恐
眾得以公讀制我而我轉樹之小群而訕之囂愈熾則甚矣下流
劍鋒不可逼視
之不可居也助燄之鋒既利吠堯之喙復長萋菲亂乎官方扈沮
謀于出位彼豈不曰野著刑書家持國是吾亦效君子哉然而其

惡居下流而訕上者（論語）　陳函輝

人非也諫鼓無設既不聞收庶人之議關門雖伏又不聞剖烈士之心徒使里閈作胥讒之慝而處士日橫轉使明廷譁監謗之條而訛言彌盛君子曰若而人者律之靜言之共工難免四裔之竄者也方之亂政之少卯宜申兩觀之誅者也吾惡其樹黨之背公也漸不可長也吾惡其挾私之罔上也大不可假人也

下流亦非庸碌人特犯上作奸文中借此發揮如老吏鞫獄此吾友枚卜評也文亦從其齋頭錄得余所見合稿六集皆無是文古人名作滅沒失傳而余搜求未遍者皆此類　何太蒓

古鏡照神巔末俱到　陳六康

惡稱人之惡者

人也、有惡也、君子惡夫稱之者焉、夫人有惡而稱之、則其用意何如（分頭）（所以訐惡）
也、君子所以惡之之義、分夫人而為不肖之事、未嘗不自匿焉、藉非有（承明惡字）（頌意獨高）
從旁指摘之人、安知無自改之一日、而不意有好為讒論者之曲成（互解字）
其非也、試言君子之所惡、其一在稱人之惡者、惡出于無心、聞者莫（領即点出）
不惻然、獨有聞之而快者、謂自是而論辨有資矣、惡出于有意也、是
莫不駭然、獨有見之而喜者、謂自是而刺譏有據矣、于是言之肆
也、得一不善之行、苟不宣之于口、致事之曲者、彼以快論出之、華之（從稱字起）
飾者、彼以多辭達之、甚至其人之惡、特為人之所不忍聞、彼且歸

燔鼓舞以出之人有覓心之行而轉以為快心之事也于是達之意
從也得一可譏之事必欲示之于人欲聽者不忍聽欲傳為繁其詞
聞者不敢聞欲傳為紛其說甚至其人之惡有為世之所不欲言
者彼且旁引曲喻以資其言隙其指摘之情為反形其論揚
見人之惡而毀之謗之猶同疾惡之公稱則每以發為可託以謗為
可嫌心口之間有暢然滿志者其存心已不可問見人之惡而諷之
諭之猶曰刺惡之意爾則能以諷為詞轉以諭為離意言之表有隐
傳為談資者其用意更不可測刻薄之念既萌必將指是為非亦將
指非為是其害何可勝言口舌之禍無極孰將議人之短者辭而誡

人之長其流何可紀窮君子所以深惡之哉

不明露惡字一筆抵從稱字剗倒則所以可惡之故已不言而喻

筆力直透紙背

小題盛觀集二編　下論　惡稱人　又四六

惡稱人之惡者

乾隆壬午　江筠

首舉所惡而人惡宜隱矣，以惡之在人，德亦不顧其有者而稱之，果何意也？奪故詳君子之惡而首及之，且人惟此惡惡之心而惡既難以絕其形，惡遂緣以滋其數，蓋嘗與見均也，目之所不忍見即為耳之所不忍聞而亦有律律者以貢其前自不能不以所惡之在惡者而轉而相屬矣，若孔子之所惡維何？今夫刺惡莫備於詩而往往彼何人斯以當其名氏，惡即著矣，而人且不知為誰也，即稱名之隱晦，讀者嘆其旨之温柔，貶惡莫詳於史而往往嚴於一字以定其爰書，人固彰矣，而惡惡要不經纔述也，惟戴筆之謹嚴

識者諒其心之憂懼而奈何汙稱人之惡者同為人類而行獨處
其至汙訐其惡而情可惜溺其人而心轉以惻矣故雖罪在不赦
君子猶有悲痛之辭焉而黃傷口道之也出微信之語以定其
纖德之彰苟令推而遠之不至非我族類之甚焉皆慮猶少存顧
情之思而必不能推見以至隱造其乎不復以人視之也無
惻隱之心此其質也儼列人群而迹乃呈其不避念其人而情為
憫計其惡而心昇為愿矣故當事偏播聞於代何汙顏之致焉
稱字刻
而茲乃有味言之也出嬉笑之言以廣此瞻聞以為前令心焉藏
之不至忘其為醜之甚焉者寒猶少留顧忌之意而必不能盡蔭

而窮形是其于惡直不復以惡視之也無甚惡之心此其微也非
必革不問已而縷陳者之為無端也即令其惡或以相加而舉似
處條痛心之故顧斥人之薄將自居于厚乎於他人以髮指之形
（蓋可畏錢報又况為毫指）
實致斯人以途窮之慟此其居心之忮刻與惡者對峙而奏刀於
狡獪身為罪魁而此亦不寧議從末減也有均之為惡已矣乎非
必語不厭詳而刻核者之為已甚也就令其稱夫[illegible]盡致而指斥
（稱字中有如此惡相如其流弊）
猶有餘地之留顧因其嚚[illegible]蓋滋人難轉乎半吐以微人廉恥
之蓄半茹以明己忠厚之存此其用意之周章就所[illegible]綜名
之核實覺彼猶罪狀之可明而此直隱慝之滋甚也有浮于其惡

惡稱人之惡者　四句

韓大宗師歲取安溪學一等第 名　林文斗

夫君子之所惡而見惡者宜知戒矣夫稱人惡下訕上則不能待人矣勇無禮果而窒則不能如已矣故君子惡之且吾人之待人處已也其爲發過之府者即爲召惡之端要惟衷諸君子而已矣厚其心以待人不過刻亦不過亢平其心以處已不爲亂亦不爲狂而非然者君子能惡之情有所不恕也賜問君子之惡其所惡果安在哉今夫君子者以之爲己順而許以之爲人愛而公以之爲天下國家無所處而不當者也故其用惡亦準諸此其一爲稱人之惡者夫旬人之以惡著也既欲難揜寬予人指摘之端故昔

今怨毒之起半由不才者之自貢其瑕人而惡称掩亦自貽伊戚
乎然而口舌之騰奈何自我甚之也好議論而可無情則當局之
抵排何關過學急名高而不踰域則濁流之横決終及危身命之[illegible]
於品評未当徒為已甚之譏而即此恣游君心何以関天下自新
之路乎君子于此隐痛焉其一為下流訕上者夫人而别為上也
崇高所在巳動人忠敬之思故古来嘉猷之出半由臣子之愼其
或上而或訕豈名分可越敂奈何譏訕之與反自我倡之也献書
門下苛訐者甚闕治忽之防挾策侯門敬言者徒取一時之忌此
無論訕上官賤未審可否之宣而即僭妄生慊何 立天下之尊卑

之分乎君子于此有深悼焉若夫遭大投艱則勇[illegible]行也則勇
似為君子之所韙然準乎義則正大之気常塞乎兩間悖乎礼
則句気之私律成為暴戾安見重遠能勝卓然聲犖而身處乎大
勇之秉論也虎嘷則凶羊觸則吝明為勇而無禮者不甘其懲也曾
君子而不以是為傷心之故哉至若堅確不拔果敢可以圖功也
則果敢又似為君子之所尚然明乎理化裁可以盡變而昧乎勢
者雖行不能盡通安見變動不居淵然自宣而同亮乎大人之
制事也言不必信行不必果彼果敢而窒者焉能測其神也曾
子而不以是為怨憎之尤哉 君子之所惡如此夫惟整齊風俗者

其敎誨之其次愧悔之一日之衷殊遂以勸其畢生之廉恥天下
之人各以其心推諸人己間而兩無遺悔也吾知君子之用悪也
慎而易用善矣

惡稱人之惡者惡居下流而訕上者惡勇而無禮者惡果敢而窒者

韓宗師歲試取錄晉江學一等第一名　陳士韜遜文

君子嚴人心世道之防其所惡可約舉也夫人心偷於稱人惡下訕上世道變於勇無禮果而窒非君子誰極所惡之正大乎且若子者人心世道之所賴者也夫言不容黨阿而天下轉不患黨阿而患浮薄沸騰之口行不容怯懦而天下轉不患怯懦而患麁囂暴厲之氣蓋人心所由澆瀉世道所由變亂君子絕其弊嚴其防而正大之情可見矣賜知君子之所惡固何如乎風之刺譏無傷溫厚雅之怨誹無忘忠誠假令規人過者非盡言以招屈下風者

非多口以詈則君子之所惡好也角之壯也觸而致羸牙之剛也
類而致慶假令奮勇往者自不生亂萌廸果毅者自不形妄念則
君子之所深嘉也獨柰何有稱人之惡者夫人即有此行貞必不
可箴規且曷不開以自新之路肆然稱之顯揭其短以快一時之
暴揚忠厚之謂何君子以為薄矣抑柰何有居下流而訕上者夫
上即有過端豈必不可諫諍且曷不予以自全之方慨然訕之肆
摘其非以詩庶人之議論恭敬之謂何君子以為悖矣至於勇者
血氣為陰陽之眦固宜養之以學問而一朝之忿忘其身家匹
夫之温不顧其名分無禮則亂寧非君子之所惡也哉至於果敢

惡稱人之惡者惡居下流而訕上者惡勇而無禮者惡果敢而窒者　陳士韜（遜文）

者英銳之奮發之功固宜擴之以智識而理不明焉又非冥然罔覺事不揆乎可否悍然弗顧窒則妄作又非君子之所戒也哉蓋惡之以為人心之防焉國佐紀於後洩冶書於前蠆尾之怨莫禁其幾狐裘之歌莫闔其口踵而甚者安知不日相觝排日相猜忌乎國家非不明彰癉之條非不採市朝之議而稱說終傷寬厚訕謗徒逞譸張君子所以必絕之而天下人心可以化其澆漓且惡之以為世道之防焉輕而寡謀識其脫靖而取敗誚甘[illegible][illegible]戕友昧變通之權狀蓋妄逞胸臆之私殺其尤者安知不日長囂陵日賤武斷乎人世豈不尚強毅之力豈不重振拔之英而乘於禮者

西亭試藝

易竊於室者難。制君子所以必嚴之。而天下世道可以靖其亂。君子所惡之正大有如此者。

大師相韓澄夫子原評

諫而腴經藝佳尚有蓄

惡稱人之惡者　四句　韓大宗師歲取泉州府學一等第一名　陳鴻章　次選

備舉君子之所惡皆過中失正者也夫稱惡也訕上也無禮果而窒也皆過中失正者不曾君子之所惡哉且人惟內存[illegible]之心外特剛毅之德斯中行足尚吾黨所以推為完人也若乃行私罔上大異忠厚敬恭之為一往直前竟為敵常悖德之舉將不蔑於理不顧其安其見擯於大雅之士也久矣吾言君子有惡亦以君子言滿天下無口過行滿天下無怨惡哉其用惡即此可推焉繼皇降衷同具懿德維民生厚同具有恒潮好惡之深情實固有之至性此揚善不忘所以順天休命也而奈何有所謂稱人之

南浦試藝　金蘭莊　陳一　[illegible]

惡者矯誣其性生而復濟以偏私之見則與人以不韙之名居心既為不厚隘人以自新之路處世亦覺不公推其谿刻為懷即令洗濯有方猶將厚責於已往創懲可與且弃盡沒其將來而譏君子能不深斥之哉編户至愚祇安耕鑿小民至賤胥泯識知論彝之天良本當然之名分此風流令行所以順帝之則也而奈何有所謂居下訕上者欺罔其素志而復加以見聞之偏則平居而修談治忽既昧清史之文草澤而輕量公卿詎得是非之正觀其放肆而陳說令指[illegible][illegible]誅猶將橫議而不已造謗[illegible]且觸忌諱而不疑而譖君能無深痛之哉若夫勇不害上[illegible][illegible]明堂此其

奚犬至剛之體依仁而立見義必為初非用壯若[illegible]也彼勇而無禮者何如乎不本學問不本經術剛愎自用忠[illegible]犬之愚氣矜曰雄廉節亦發於激世有遺大投艱讓卑退遜皆彼所視為迂陳者也要之趾高氣揚奮身不顧浸假而冒上無等矣浸假而犯上作好矣天地中和之氣舉壞於斯人激烈之習可勿惡哉至若果確無難可以任道此其不二不息之操法夬之決體乾之健初非用罔者可幾也彼果敢而窒者異是矣不謀父兄不藉自[illegible]虛驕之志終僨事而無成亢戾之形亦動輒而得咎世有遭時養晦變化盡神皆彼所笑為寡效者也究之有初鮮終束手無策浸假

而浮動妄作矣漫假而倒行逆施矣古今聖遠之脩盡敗於斯人
輕躁之習可勿惡哉然則君子之用惡其意不誠深哉
大師相樹屏韓老夫子原評　透發沈着

惡徼以為知者　三句　林瀛

以非為是其居心謬矣夫徼非知不得謂勇許非直而乃假其名以相混居心之謬子貢惡之矣夫人有一念之差即身被惡名而不恤者猶非上於為惡也乃有明知惡名之所歸而獨取其名以自護轉使生人之美德淆於偽而托更甚於背而馳居心尚不可問哉賜何惡乎闇昧不足以應事則知尚焉情偽周知世故難逃洞然而燭照之明與逆億之巧相判不啻逕庭矣奈之何有徼以知者機深以測人之所不及測則談笑亦啟猜疑謀定以防之所不及防即故舊弗披肝膽不知者服其察變之精知之亏

用情之險矣夫世途險阻浸假巧詐相傾盡待姿羨於事後
知為而取諸徵以相冒以是監殷使叔公旦轉識推策之蹶克
伐鄙鄭莊反蒙先覺之詹此風一長將使天下不知有推誠反
若不知昔之未鑒其天也巽懦不足與圖功則勇貴焉艱大之
勝任寧呼將伯然而道義之配與血氣之雄相懸正如天淵
之何有不孫以為勇苛恃才智為先人之資在野而囂凌星党
氣節為立名之地在朝而傲睨公卿不知者震其幹事之強知之
者窺其用心不肆矣夫勳猷建樹浸假職分當為竟懷覬望以相
誘焉用勇為而取諸不孫以相蒙則是代帥受名士燠無待乎後

入行人當御下柔亦可以力爭此道一行將使天下非復有辨僉
反不若無勇有為之有善相讓也委蛇皆指為諂俗則直重焉賢奸
有定評鷸蚌出相狗然而公平之論深刻薄之情相去誠為懸絕矣奈
之何有訐以為直者脩士偶留缺憾而求疵索垢播其師友之不
及知隱慝尚待自新而摘伏發奸激以聲名之無可贖不知自詰
其正言之不諱知之者咎其律人之太苛矣夫醜類敗德浸假擠
覆有人竟令彌縫於當世曷用直為而取諸訐以相假則是攘羊
証父沈諸梁宜以楚俗自誇同姓取吳陳司敗可譏孔子為党
術一肆將使天下不思為良學矣不若不直者之諱莫如深

存欺世若微若不孫若訐非關學養之疎偽以亂真為知爲
直幾奪秉彛之美賜之所惡如此
斷理必剛摛詞無懦

惡徼

惡徵以為知者

安徽劉宗師歲試
舒城縣學一名　周行

以能疑為明賢者所首惡也夫自無不明之謂知徵則疑而以察
為能也子貢與所惡而首述之宜哉今夫明無疑也猶未免於疑
以為字傳出
明則已虧也有人焉不謂吾無疑謂善用其疑深闢於事所未形
得情于人所不覺自幸其操術之工其去光明正大之意抑遠矣
翻入納切
賜亦有惡賜竊有見於知者本在躬之清明無是事則亦無是心
如鑑斯空自妍媸之不亂率如神之志氣有所授則自有所覺當
幾畢照並逆億之無庸曾知者而有所倚以為功哉有所倚而操
弁莫適強探已出于勞曾知者而挾其私以自用哉挾其私而相

乘不已閒心先宅于妄而奈何有以微為之者徼緣于中無定見
非有知可知
司竊探以證其精疑莫釋之情夫既有所莫釋于懷即安得謂竊
探以知者之為莫逃其鑑也乃類族辨物初不講于平時摘發
微竟自誇其便獲幸而無岐遂謬託於有主之不亂而有主猶恙
弄自矜可惡
是其動于中耶妄之甚也徼起于外有適情因潛窺以抵其藏閉
偶跡之隙夫必待其偶跡于備即安得謂潛窺而得者之為自獻
其惋也乃坦然若故人方無意于彌縫突如其來我倫有心為伺
察幸而有中不相誇于坐照之靡遺而坐照乃如斯之役于外耶
勞之至也她膂凶于居稽萬變胥入靈明之府不謂以居稽猶大

紆於睿哲如是以初知是禦叵測而轉有資于叵測也揆幾可不先窮理衡品下（寔是指其非）無事知言畧觀己解憑臆易以相當弊將流于廢學抑寓精明于渾厚一念足持運會之原不圖以渾厚必有礙于精明如是以為知是慮譸張而先自處于譸張也未至而逆以將逆無端而生其變化爾詐我虞挾機心以相伺風日即于澆漓可惡乎未可惡乎敢先質之夫子

繚曲往復有嶄然之筆力以舉之可為柔靡者之良藥　朱鳴初

文情委曲深至字字為惡字定罪此種人聞之亦當自惡

惡徼以　周

惡徼以為知者　三句　周本治

賢者之所惡、々其作僞也、夫知勇直自有真也、而乃以徼與不孫與訐者為之、可惡孰甚焉、若曰君子之所惡天下之公惡也、乃有人其材足以收天下之聲其力更足以猶天下之口即天下舉莫知惡焉而賜乃用是愀然矣今夫古今有不可假之天德而寓于有不可測之人謀所謂知者德之明也雖掾乎物不得遁豈窺人私者哉而乃有從而為之者相伺于所甚暱而苟得其情輙沾々而自喜用心亦後良苦而不揣其本遂察々而為明舞智御人藏机應物蓋若不可欺者而與之度于先事則拙矣有徼而已矣而彼且以為知也。所謂勇者。德之剛也。雖一毫不挫于人。豈多上人者哉。而乃有從而為之者。敢于無忌憚而睥睨一切。至不復以餘地處人。靡所不御。御而任。誕不羈。乃慨然謂畧不世出。必與物迕氣與理爭。蓋若不可屈者。而使之當夫大任則餒矣。有不孫而以文。而彼且以為勇也。所謂直者。德之公也。雖面折不能包容。豈挾人過若哉。而乃有從而為之者。摘發不遺餘力。明知其所隱痛而偏借。不識忌諱以成名。口舌之所中傷。易地亦有不堪。而忍托無所阿私以自重。忠以飾詐。公以濟私。蓋若不可犯者。而為之推其本志則譎矣。有許而已矣。而彼且以為直也。凡此者。天資懷巧行

義俠邪萃而為一遏不勝書匯而為二惡堪共濟隱皆在于凶德

（偽○情○假）

不同待教之世而復被以美名與雖可指之罪使其得志則陰賊

險狠之趣不難傾動人主而士大夫之風節皆隳即不得志而刻深

武健之氣猶足漸染里巷而子弟之習尚以靡蓋在昔為不才子

為無義民固帝王之所不赦而于今為烈才為閒人尤吾黨之所

不容者也賜獨何心能不惡哉

（引○情○真○白）

千古偽君子真一世之奸雄文前案後斷能洞悉其隱用筆如

秋日嚴霜凜然有不可犯之氣　周新之

惡徼以為知者　三句　周本治

賢者之所惡、其作偽也夫知勇直自有真也而乃以徼與不孫與訐者為之可悪孰甚焉若曰君子之所惡天下之公惡也乃有人其材足以收天下之譽其力更足以箝天下之口即天下舉莫知惡焉而盼乃用是欣然矣今夫古今有不可假之天德而僉壬有不可測之人謀所謂知者德之明也雖操乎物而得適豈窺人私者哉而乃有從而為之者相伺于所甚聽而苟得其情輒沾沾而自喜用心亦復良苦而不猶其本遂察察而為明舞智樂人藏機應物蓋若不可欺者而興之度乎先事則拙矣有徼而已矣

彼且以為知也所謂勇者德之剛也雖一毫不挫于人豈多
者哉而乃有從而為之者敢于無忌憚而睥睨一切至不復以欲
地處人靡所不狎侮而任誕不羈乃慨然謂碁不世出心與物迕
氣與理爭盍若不可屈者而使之當夫大任則餒矣有不孫而已
矣而彼且以為勇也所謂直者德之公也雖面折不能包容豈招
人過者哉而乃有從而為之者猶發不遺餘力明知其所隱痛而
偏借不識忌諱以成名口舌之所中傷易地亦有不堪而忍拒無
所阿私以自重忠以飾詐公以濟私盍若不可犯者而為之推其
本志則謫矣有訐而已矣而彼且以為直也凡此若天資憸巧行

義狹邪萃而為一過不勝書區而為三惡堪共濟既皆在于凶德（字一〇一〇段〇書）不同待殺之誅而復被以美名幾無可指之罪使其得志則陰賊險狠之趣不難伏動人主而士夫之風節皆僞即不得志而刻深武健之氣猶足漸染里巷而子弟之習尚以畸蓋在昔為不才子（到〇此〇月〇背〇畫〇裂）為無義民固帝王之所不赦而于今為雋才為闖人尤吾黨之所不容者也賜備何心能不惡哉（一〇筆〇緯）

真鑄衆物手

惡徵以為知者

張景崧

知不可以徵為也賢者惡其害知矣夫徵豈足以云知哉徵以為知而天下無真知矣賜故首述其所惡也意謂夫人入世而惘然也物情僞而不知流品淆而莫察世必以為愚而或則喚之或則調之矣然第未有以其愚而惡之者賜是以知愚無可惡而天下之可惡者不在愚而轉在知也雖然知則何可惡之有知之上者明燭於幾先故物來則揣而人共服其神知之次者樂察於萬理而秉鑒不肯苟世亦[illegible]其纖夫知則識何可惡之有然而賜竊不能無惡於知者非惡知也惡夫知而有以為之者則徵是已質言之[illegible]之慧而詭譎也

術常足以依也故兼聽並觀本知之所以鑒物而欲有所見不求之
其身之欲有所聞不求之其聞也凡了以潛窺而察覘之者無非伺（以為二字出）
人於所不及覺夫豈必伺之而果得哉而彼且以為吾如是而也是
測識之知也是知則甚淺而機甚深也特察察之明而陰刻之益深
挾而行之故禁網謹陳即大知不必徧物乃求於其色[illegible]謹不細也
索於其顯必探之隱也凡所以深觀而微測之者并欲察人之所不
必知夫察必察之而果是哉而彼且以為吾如是而物莫遁我之知（有伺字）
也是知本不辱而心更薄也夫光明之謂知也而獨陰用之乘人之
不容遂衆生平之淺[illegible]微明諳以欽其竊伺之用而猶竊然自托於

光明隸必使知人者以詢謀為訐與衆者以逆億為賢其知之詳

透中於心術而固非知之害也徼以為之害而已矣且深沉之謂知也

消察害

而必盡出之思慮之偶藏逆謁畢世之心思耳目盡以成其奇窮之

明知天隱然自詡於深沉者必畢鉤索之下人中其機搞發之餘民

無所借其知之竊漏泄於表下而究非知之竊也徼以惡之竊而已

矣論也明不足以有人識常限於知二閭知學問之事以知為始道

非有集幾之哲察理之明則寧愚於愚深不顧此非知而以為知初

愚字心一然

重焉之富也世有其人安得而不惡

透發徼以為知心術之譎混與之大愚字方有力若只說似知非

晏未詳盡

愚字分發不出

惡徵以為知者

江南林宗師歲入
天長縣學第五　陳爲琨

然知而托於知、賢者深惡其心焉、夫徵非知也何可以為知乎、此
子貢所為深惡耳今於衆人之中而獨號之曰知益謂其坐照焉
倒滑清上蕘　知與徵相反
而不為物蔽也而非窺伺以見長也亦謂其濬哲焉而不為事淆
也而非採窃以稱能也子今問賜所惡乎蓋人於天下事其自然
先乎提　明
而知之者曰知其作偽而知之者曰徵盲其外觀之知則於事無
與取以為　合
不明徵亦於事無不賜相似也若不相殊從其內考之知則便獲
於先幾徵則勞心於未至相方也而終不相合賜今即徵者之顯
頓出惡
測徵者之徵觀徵者之情思徵者之術有不能不深惡焉者蓋凡人

之所為不易見也乃故為索焉故為矚焉慮是非之或遁必欲鈎致其端衆美惡之未形必欲徵窺其隱是果神明之早見乎其私

訣○窮○

以四字定案

衆之詭譎也猶且自命於人曰吾之知無不悉焉蓋欺莫欺於此

是○欺○

原、評、変、換

矣惡則惡其欺也一人之所行亦可無計也乃故為矚焉故為察焉人或神其識於不測而實得之於推求人或忘其用於有心而究

知○老○吏○斷○獄○

以○為○知○意○更○透○

得之於潛伺是豈心思之獨靡乎其意計之獨秘也猶且自矜于

是○奸○

衆曰吾之知無不達焉蓋奸莫奸於此矣惡則惡其奸也且徒飾

創○然○悪○字○

為知之名而卒無燭物之藻鑑則凡所昭晰豈非機變自逞之私

是○奸○

方○見○以○為○知○之○可○悪○

矣何其詭也惡則惡其詭也抑飒托為知之徒而終無料事之先

是○亦○

覺則即有才能必無循實務本之思矣何其詐也思更思其詐也

假令月徼以為知誰天下之得為知者已多而知之真難辨一騎不

原評二比收上四股

斥徼為非知將天下之得為知者愈寡而知之實已亡一賜之所惡

者此其一歟

立四字樁揭題之堅錢虞山之格法也　林象湖先生原評

徼之足惡在以為知上痛發四比扶摘無遺前將徼與知剖析

分曉後將惡不惡關明関係一開一合矩法森然　黃考存

菲飲食　三句　趙炳

三繇夏道得其君天下之心焉夫事天養民而外于天下一無利焉
蓋公天下之大者耶嘗統觀前聖而知夏后氏之難也前此未有之
事得為天下啟之後此必有之事將為天下防之乃有為人主之勤
而無為人主之欲言其無間略有三焉一飲食也而以農名君以稷
名相事經數聖之勿求天下之觀飲食者重矣貢食愈不足富食愈（焉句古）
（其不止特夢寐）
不美人情豈有極乎禹何以俱繞菲也夫觀人世之明神皆人世裔
渭考五代之祖宗本合祭世祀觀之有兆神無不以孝享之不聞株（當上）
（禾三洙下幾乃有而宇今來無謂以為作）
弘服之奇以償八年之績而織紡庶士之錫以勞九載之勞一菲一

本朝房行書稿雅集　論語　康熙丁未

致孝間非為其誰能酌之一衣服也而亦刻而奚素易而采事經數代之屢新天下之求衣服者奇矣鏤繡者不其而重帛易寒布素者不厭而纂組易厭人情豈有異乎禹何以俱從惡也惟是黼山龍之服于土階知天子不徒崇儉否絲繡之施于九廟知下民有所尊尊黼黻冕無不以美加之執帛者萬國天子何吝于一衣而封山者九州新王必彰其物采一懸一致美間非為其孰能明之一宮室也而藻可以為宇木可以代茨事經數世之當更天下之望宮室者奢矣爵處亦稱古皇而九重或處其不壯編茅亦功踰人而土木或緣以不安人情豈有定乎禹何以俱從卑也惟是溝滌疏瀹匯海山水

畯田阡條縷理于南東戎車亦息視彼溝洫無不以力修之水行久六年

于外中國得居得食經此董乃有此好的

而為家何必安邑之築室而横流去而見非小修黃帝之遺書一畢

一盡力閒非禹其孰能則之之禹吾無閒然矣

周忠介公此題文中間三股凡六層皆上下提關處大綫得無閒

意極為酣鬯然已成絕唱不可復得若此文三股中下半夜尚能

上下對勘以發出無閒意來目遏藉法句字微新警那得不推為

後來名作 汪武曹

尹太僕作如從二帝百年之痒尚憫艱鮮烝粒之九載之勞未安

數食等語其出色處在上截文則都在下截然其着力尤在每股

中對勘四語遠勝于□作對二股終不如出股之發此則至第
三股具力愈勁

[illegible]

菲飲食　適

凱風親之　二句　　　　徐陶璋

以親過論詩、而小大分矣、夫親既有過、皆人子之所不顧者、然而有小大之分也、奈何同凱風于小弁哉、竊曰子不明乎小弁之篇。而擬凱風以為例。亦以詩人所處或觸人倫不幸之變、然不禁此而同之、耳。然而不幸之中。固有辨。吾嘗以親之過斷之。而知詩人之所處已判然其不同。世之讀凱風小弁者。或疑小弁一詩。言親之過也。而凱風之七子方且自罪之、不遑懟之、無乃美其嘗顯言親過乎。然使竟無過也。凱風何以作哉。第欲與小弁之過而親。為則不可試為流連風雅。諷詠篇章。一則知和風之撫、拯、顧念綿心是吹。一則使弁

（新○穩○雅）（纂○危○立○斷○爲○寬○氣○穩）

本朝考卷書歸集　孟子　康熙己未

螢力不如絲柔臨飛之集一則納帶在者無如螢春之不終一刷滯
茂典頹廢今棄心久維恐見也靡他弗失篋褒已而遺宮闕之羞黯
羞兩冊蘇蟬院今書國而貴
要歷爛焉燦嬌而斷縢前之宮乎無今人則枕寒泉以自非借黄鳥
二淡香春妹立成新曲
以方為猶得代世而分其勞父既借鏈則舟競之靡所為成未之捷
無枝宿使于其可容其身以是而思其賢之小夫不幾可見哉乘
燕來參漢原已幾于桑間七年之毋無寡爲罄懸之所斷乎決目擊
雍附之在前而乃向豢之誰飛以爲好其身雖不留而毛羽是貴
五映妹
突來盡忘也而豈其有幾乎之會並立蒲立其與刺矢突于丈壽宜
台之發其識有倫序之混淆者乎夫所無煞諮之賠謀而擬使青宮

今。乎統倚無常。其國雖未亡。而安寔之乘。有以啟之矣。而崔僅司失節之戀乎。季女懷春。似不免未能援而嘆摽梅。而多男者亦復不免（縝密疏爽[illegible][illegible]精）則所歎在貞潔之非。究旁觀嗟嘆。且不遑此月諸。而小星揆而寵康者。絕非思還。則甚危乎宗周之將滅。吾盡區而別之。而知凱風爲親之過小。亦爲親之過大也。而所謂千慮不怨哉。

裁剪二詩。彼此互形。非常新穎。人小二字。亦不詁自明矣。前有名作。獨自拔幟。謝朝華而啟夕秀。亦有兒兮蘭有芬。寸子定是讀書人也。

第二十八冊 卷八十四

間於齊楚

江南合肥王中尊 田畟
歲覆三名

介於兩大國不堪自立矣夫齊楚豈可以偏處乎以滕間於其中愈形其國之小耳且小國至今日有日蹙之象矣然或者大國數圻而與我若風馬牛之不相及也則僻處邊陲猶可以固吾圉無如密邇茲土者名為唇齒之相依而實則犄角之交踣也滕為小國豈顧問哉使其犬牙交錯皆勢均力敵之邦則同病相憐何難歃血而共謀夫合縱否則獨據上游有彼強此弱之勢則偏師壓境猶恐傳檄而震動乎三方而今竟何如者引領東望而臨淄户口已接卜正之遺封而首南瞻而淮泗烽烟已逼龔丘之都會就

雖切間字　題前須挫　簡二齊　間於楚

合寫間字聲勢可畏

形勢而論則山河帶礪東海稱雄方漢城池南風日競滕直彈丸耳然鄰夾峙國令我躋前惠後之不遑就甲兵而論則二廣雄師城不克三男勁卒何堅不摧滕猶累卵耳大敵交攻又令我畏

出題緊醒

首畏尾之不暇然則齊之間楚也楚之間齊也以滕為之間也齊

以下四比俱欲

亦不間滕也楚亦不間滕也惟滕之間於齊楚也使齊一旦捲甲

空中設想寫間字之可虞以起下大兩平字神情

南征欲問包茅不入之罪而先恨滕之為楚蔽以致不得直入乎漢中也於是欲滅此朝食以通伐楚之道則滕之間於楚者即代楚而受禍矣使楚一旦揚旗東指欲雪召陵肆伐之仇而先恨滕之為齊蔽以致不能長驅夫青兗也於是欲因此假途以便侵齊

之徑則滕之間於齊者已代齊而被兵矣然齊伐我而楚能恤我

承上意深入一層

逼間字更緊

也滕猶厚幸也正恐楚歆四起欲利吾之難而瓜分之則半入於齊半入於楚有求其間而不可得者楚侵我而齊能助我也滕猶有恃也正恐齊師疾走欲乘吾之急而巧取之則未喪於楚先喪

旁襯間字亦切當日形勢

於齊有惡其間而不相容者泗上諸侯當日之為滕而間於齊者不知凡幾皆滕之保障也而齊且盡滅之矣今以予處之滕玩矣於齊之股掌而東鄙不敢操蕉漢陽諸姬當日之為滕而間於楚者不知凡幾皆滕之屏蔽也而楚且蠶食之矣今以孤懸之滕援昇於楚之虎狼而南郊豈能牧馬吾聞父兄百官為余言曰平王

東遷以來溱洧之間為鄭封土實間於晉楚其窮蹙亦不減於滕（將鄭作証引起下文事字波瀾）

兵卒能四十餘年不被兵革以保有其國者皆由善為辭命以事（不竭）

大之力也曷踵其故智然則事齊乎事楚乎請先生一決之

間字中想出無數難處之局逼拶下文兩乎字出來劍炊矛淅

事楚乎孟子對曰是謀

江蘇曾大宗師歲
試嘉定學四名 申鶴皋

滕君更籌所事亦祇自成其謀而已夫楚之當事猶夫齊也文公更籌及此孟子得不就是謀而致審之且周之衰也漢陽諸姬楚實盡之此豈獨臣之寡謀或者其君實甚乃有國非建于漢陽勢寔臨以荊楚既勉強祇承之不暇又展轉遷就之維艱要惟專倚勢之在人故有識者鄙其說之終出于下策耳滕間于齊楚文公以齊之謀諸孟子豈不以齊自桓公創霸以來日與謀臣策士遂志并吞故包茅責貢雖強大如楚猶不輕恃天心方授輒與齊爭區區欲藉滕實倔處此其敢與齊爭此土乎雖然莫謂專齊

而後遂聊固吾圉雖有强鄰毋是翦棄也爰有楚在可不謀所
以齊平此文公又以事楚謀諸孟子云楚自熊繹啓疆日肆兵
威已非復南風之不競其尋盟修好以事之者尚不免多壘于四
郊楚自莊王爭伯隱國蠶食并不若東海之稱雄其稱臣奉貢以
（抱上法家）
事之者幸不至遂爽于九縣則甚矣楚與齊之不可偏所事也且
（東上起下平側自然）
雖無所事也將欲偏所事則效順于彼輒取怨于此向背順逆適
以啓大國之忌心而有謀不如其無謀將欲兼所事則獻琛于此
又修貢于彼悉索誅求何以堪小侯之奔命而謀多轉不若謀寡
古所云謀之其臧則具是違謀之不臧則具是依者文公得毋類

是雖有善謀如孟子謀竟伊于何底哉且夫楚之難事倖于齊而

爲抱畢妙

較甚于齊其不可無謀也久矣無論隨栢江黄蔚滅殆盡他若被

圍者牽羊而惟知聽命救鄭者失律而幾至京尸非以方城漢水

非人謀可得而與乎區區蕞尔滕雖有良謀其何恃而不恐則言

念是謀文公蓋不勝皇然矣孟子亦不覺爽然丟玉帛寔杜兵戎

略還側筆

之釁要必恃策力以維持始堪折衝于樽俎而維楚與齊伊誰適

從畏天即爲保國之謨要必資贊襄以商確乃能戰勝于朝廷而

維楚與齊伊誰是主使孟子于是謀而籌勝萬全則勝也或托庇

于東隣遂承夫南國而以是謀爲保邦之深計所謂彼國有人

未可圖也吾知文公亦必心折于是謀之盡善而謂南顧可無憂東望淺奚恐繼自今滕雖介于兩大而五十里之國可幸國存不至旁皇而失據者惟賴有謀則就非如築室之不潰于成耳然而公徒皇然于是謀也孟子益爽然于是謀也

帆隨湘轉水到渠成　原評

機勢湊泊出以彈丸脫手之筆我忘題事之艱育翁文妙真無過熟也　鶴瞻

事楚乎　是謀

江蘇曹宗師歲試　嘉定縣學一名　林大中

時君再商所事、大賢深詆其謀焉。失楚何異于齊，而文公于事齊之外，更謀事楚耶？宜孟子之深詆其謀也。嘗思春秋時與晉爭衡者楚也，而戰國時之與齊方駕者，亦楚。（當日形勢瞭然在目）國勢之昌，由謀臣之智。凡小國之與相近者，不可不善自為謀矣。乃國小而偪，而畏楚同于畏齊，於事大之外，無長策焉，則雖謀夫孔多，等之築室而道謀（知題面）耳。文公以間于齊楚，故謀欲事齊，是謀也，（備此旨）不知其謀之鄉士否，謀之否。要之地之大小雖不同，而勝之謀事齊，何異齊楚之謀事秦也。文公皇皇于孟子之前，謀事齊，更謀事楚矣。夫言乎土守之厚汝潁鄧林不加于楊陸無棣也言乎甲兵之雄則二廣之軍過于三男之衆也考其始則鬻熊之敵上猶之尚父之就封論其繼則成王之業漸衰不獨桓公之霸久廢況陳蔡不羹之役比于齊之抹邢衛其仁與暴迥殊往事如此事今日之齊則已無望矣顧又謀事今日之楚哉嗟乎國家之事惟忠而熟于計者能謀之彼寡聞淺見之徒但知繼事齊而言事楚已耳在文公或未免以為良謀而入孟子之耳亦欲咨嗟而歎息宗社安危惟明而本于公者能謀之彼智略傾險之士但知並事齊而言事楚巳耳在文公亦未必以為老謀而動孟子之聽能無宛轉而躊躇孟

（排奪而出歆側知志）

（見今于偏露周而藻密）

（長論獨闢）

（上下千古目光如炬）

子曰雖為公晝此謀者智者千慮必有失愚者千慮亦有得孟子
（力情縱肆然也整齊）
豈欲過卻乎人言第阿春秋于漢之南即奉冠帶于山之東變其
名而不變其實恐國僑之謀鄭不使類是謀也愈父兄百官之儔
有一倡而百和而實則令人粲然笑者是謀令人色然駭者亦是
（渴驥奔泉之勢）
謀好謀乃能成事詢謀端在僉同孟子豈必盡違乎輿論第質子
而俯首為東藩筵稱臣而傾心于南帝思其暫而不思其久即種
（比例精切）
之謀越亦不願是謀也承文昭卜正之緒當審處而熟思獨奈
何以滕與滕相乘而建是謀以懷與安自敗而設是謀彼主其謀
（總不放平）
者意者執以小事大之說耶抑或以為天方授楚或以為楚氣甚

惡視夷之風較甚焉故不得偏安而不事楚耶〇雖然無論齊楚古人之說等之無稽弗論可也〇蓋聖賢未有以人國為嘗試者也

洞見七國情形〇熟悉三傳典故而歛翻補韜〇以盛氣行之〇疏扶質立龢亦垂條結繁〇　龔欣書

是謀　　胡紹安

志在圖存者大賢就所謀而熟計焉夫事大非國之幸也而所謀在
是善乎不善且國家當艱難之會莫患乎居乎不善自完而無故徒
受人困迫至羽檄告警旦暮無所控告而後求兩全之策在公自以
（壓　頓任）
為小之事大可幸無罪矣茲以事齊楚為問其將謂蕞爾之滕不盡
（借　謝　是　當）
臣節是不有其國也是不度德不量力而與強藩為抗也是使兩大
興兵蕩擾我邊疆而迫無休息也發廢所謀蓋在是矣爾時君之左
（三段警句）
右必曰齊楚勁敵也不早為之所滕其為沼乎何如事之而杜患于
後舍是無謀者君之大夫必曰齊也威行泗上楚也蠶食諸姬區區

一滕奚難折節則謀莫過是已即楚臣策士亦必曰齊楚欲加兵于滕者久今茲攝牲玉帛陳于境上待強者而托庇焉善哉謀也非是不為功試一起（枝佳）視天下孰使我君東望拊心而寢不安食不甘者非齊耶則盡用是謀孰使我君南望震恐而發而朝晏所（一轉）罷者非楚耶則盡用是謀雖然使用是謀以事齊計之得（二轉）矣而或者三湘七澤寔逞憑陵包藏禍心以圖之滕其何辭以應矧（三轉）夫齊人不道必反驅滕以當楚驅滕以當楚則結怨于楚者愈深萬一南風日競而我即移其事齊者轉而事楚是立盡之謀矣誰為君借箸而陳者請君一再籌之使用是謀以事楚策之善矣而或者瑯邪即墨寔啟戎心乃懷

詐讓以圖之滕其何恃而安矧夫楚又不令必反歸滕以當齊驅滕以當齊則開罪于齊者愈甚萬一東海渡霸而截即移其事楚者轉而事齊是自斃之謀矣誰爲一前席而籌者請君一轉計吾人可長也已固先已受辱也借曰畏人不得不辱已然已雖辱而人之薦食依然謀何若是之左也寇當弭也變亦未可驟禦也借曰弭寇疎所以禦變然變未禦而寇之戎馬紛然謀何若是之疎也謀夫孔多是用不集臣雖不材誠有如君言者敢告不敏

語急承之以勢促運之以舒其排宕轉棹處幾不減鹿門先生

我將言其不利篇　胡闇衣

丙子 題字選 孟子

游衍屈曲。正以題面之寬。故是小題。能手行文。亦有古勁之氣。

是謀

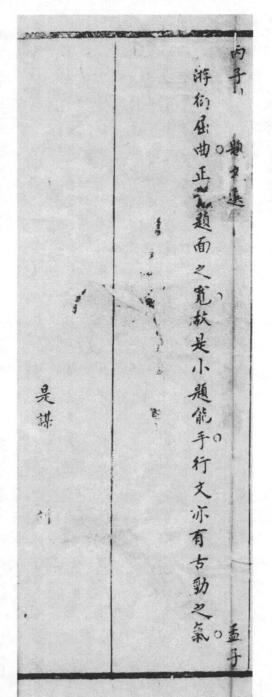

齊楚夾
氣局形
跳遠

事齊乎事楚乎　　　姜士昌

滕君擇國而事。無策甚矣。夫立國先自強也。事齊事楚。於滕奚益哉。昔泗上十二諸侯。皆朝齊暮楚。以延旦夕。故滕文亦惴然策於孟子曰。孫以蕞爾之國。介在齊楚之郊。其為滕禍者。非齊則楚。非楚則齊。只旅日（韻。句。古。雅。）夜寒心而戰﹂。靡騁者也。意者五侯九伯。齊實征之。一日納交於戲旋。無奈齊何。即無奈楚何也。縱即受冠帶祠春秋。東向而縣鄙於旅也。（机。神。飛。舞。）心矣。第未知事齊之後。齊終德我乎。楚不吾怨乎。即楚修怨而齊惜退。鄰師以擊之乎。若使媾齊未戢。而楚兵壓境。是縱以玉帛賈禍也。事齊。非計矣。意者漢陽諸姬。楚實盡之。（妙。創。天。成。）一旦悉力於我。齊無奈楚何。即無奈滕何也。縱即致重使。出重寶。南面而奔走于楚焉。甚矣。第未知事楚

[illegible]小題[illegible]秋集　上孟　[illegible]　[illegible]綠居選

之係楚終庇哉乎齊然不敢問乎即齊問罪而楚亦將以鐵師以卻之

乎若使締楚未幾而齊兵突至是孫以虐兵樹敵也事楚非計矣齊可

一此一更用譬

陛陵亦不可絕危迫存亡之故懸於兩雄一喜一怒之間楚為重齊亦

進來為輕吉凶悔吝之機係於寡人左提右挈之際夫子儼然厚于[illegible]不

使滕之廟社怨焉丘墟於齊楚者唯夫子教也孫不德敬奉社稷矣

邑古氣清致瀏洞雅諄諄娓娓宛若而商是絕有生前文字異[illegible]矣

間於齊楚

戊子　席　緯（榜姓王）

介于兩大滕幾不能自為謀矣夫強如齊楚而滕實間之其何恃以無恐昔先王衆建萬國犬牙相錯夫亦惟是一二弱小不能自存庶賴強大諸侯其好鎮撫之而不謂實逼處此以與我小國爭此土也寡人撫茲五十里險阻幾何人民幾何即小國相為輔依（朝、廷、齊、楚、）而岌岌之勢猶懼無以善後矣使一國據其上（隔、起、兩、字、）紫荊赫赫之威其將遂以為幾矣乃東起而望之藉最滕之遺環人境而耀其兵車者非齊乎南向而伺之憑方授之天以武臨而修其雄圖者非楚乎表海岱者擊柝時聞誇荊襄者烽烟四起而以窺茲下邑廟乎

六科小題文編　孟子

其中國已草木而皆兵矣齊邪衛者東略不知城陳蔡若南風猶競而以蕞爾彈丸介于其側誰謂馬牛之不及（工絶）一旦三男之衆發乎臨淄疆吏來告難曰齊謀甦食其先及我乎而南鄙復蠢動矣一旦荊尸之旅涉乎漢沔闗津方戒嚴曰楚劾近攻殆將襲我乎而東方又騷然矣即曰齊來問罪楚必出銳師以御之而些非股肱彼豈心腹則其所以庇滕者即其所以禍滕也即曰楚討不庭齊必發重兵以要之而名為唇齒實係仇讐則其所以救滕者即其所以弱滕也一旦也齊欲攻楚則謂其唇滕也（寓極新穎）楚欲兵齊則謂其凌弱也兩雄喜怒常欲借滕以出其兵端且也楚不敵齊則我其後

勁也。齊不勝楚。則我其先驅也。二國治戎。翔者其勝。以為其保障。蓋自與之接壤。而左則提。右則挈。久矣哉。在彼掌握矣。抑自托為比隣。而前則挽。後則推。昔矣哉。任其緣觽矣。夫五侯九伯。齊實征之。即剪此卜正遺封。亦何藉于泱泱大國。然而齊非吾耦也。安望彌縫其闕也。漢陽諸姬。楚實盡之。即留此文昭世守。豈遽損于快哉雄風。然而楚非滕匹也。大恨忿邇于我也已矣。無望自強矣。寡人思之。雅有事之而已。

閒字對畫至此

真說得左提右挈。凜凜畏人。下二句不呼欲出。逐層布勢。一步緊一步。無意不到。無筆不換。爲法之妙。絕乎先輩。　張魯輿

六科小題文編　壬午

短出鱗次一股一意如剝蕉抽繭層出不窮至屬對之工切何

滅秦地重關一百二漢主離宮三十六也　裴履安

聞於齊

事齊乎事　二句　　許琰

商事大之策而來能以定焉夫齊楚而果可事乎而將何所事乎滕公所以莫定也商於孟子曰事莫難於托國而情莫急於圖存然使得擇一強者而庇民焉夫人而知之矣惟一彼一此均有莫逃之勢則國未知所托也存亦何能遽圖也有如齊楚之大而滕間之乎將閉關謝使而犧牲玉帛不待於境恐乎討貳者以詞也是有絕物之虞若交驩兩主而悉索敝賦以交相見恐疲奔命者莫支也是謂自藩之術於是齊人欲我事齊而遣一介以告矣曰蕞爾滕吾宇下也其朝夕在廷而滕惟命楚人欲我事楚而張三軍以聽矣曰彈丸滕

哀婉敍淺皆書卷氣

吾與昧也而何敢差池而滕亦惟命夫齊非不當事第事齊未知結

一折愈漂

齊之歉也而已致楚之怒且若楚本不怒而反以事齊者挑之也則

一於事齊非計也即楚非不當事第事楚未必得楚之援也而已絕

齊之交繼齊即非可交亦何以事楚者激之也則專於事楚亦失策

兩意糊得新穎直是無可奈何之用照到孟子意去矣

也時而齊楚交惡而雄相角庶無暇肆其餘毒乎然或齊師出境而

苟騰便又不難其常屢難其巧切似出天生

要我三百乘以從楚師欲濟而藉我四十乘使為左拒事齊則欲我

拒楚也事楚則欲我拒齊也兩事難矣以兩事而至兩拒不益難乎

幸而齊楚悔禍各懲其忿庶小國恃以安靖乎然或齊方同好而弦

反以不設備而亡楚雖弭兵而鄭亦必犯霜露以逞齊講楚而齊不

便我庇也楚講齊而楚亦不欲我庇也而事詘矣兩有事而兩無庇不更詘乎雖五侯九伯齊寔征之何有於滕然事猶不免況介恃楚衆而不於齊繼先君之好也得乎雖漢陽諸姬楚寔盡之何愛於滕然事猶未厭況求睦於齊而不於楚徼如天之福也可乎事齊事楚

束比整鍊無一字無來歷

此寡人之日夜躊躇而莫定者也嗟乎左則提右則挈此羸者將身

結亦整峭

其餘幾前而推後而輓彼狡焉亦急何能擇吾聞子産之相也介於而大而不被兵者四十年無乃事之之道得乎夫子爲我圖利之哉

陶鑄肯左意必切而後出語必鍊而後成而是謀非保國之計下意亦已躍然矣息心靜氣直是絢爛平淡之候 鄧幼季

事楚乎　　許開基

滕君再商所事、楚亦不弱於齊矣、夫事人者一之為甚、其可再乎、便得法

然而楚亦齊也、如之何其弗事哉、想其籌於孟子若曰、漢陽諸姬、

楚實盡之、今幸存者、惟餘一滕耳、天而既厭周德矣、我其能與楚

爭乎、我不知滕之外、何以有此齊也、我更不知齊之外、何以又有借賓定主

此楚也、向猶幸與楚遼遠、陳蔡其西、宋障其南、未至若齊之密邇滕楚時勢

山東也、今則南風日競、遂迹及於淮北矣、與滕實偪處、此吾其覆

亡之不暇、向猶幸楚國多事、晉攻其外、吳侵其内、未至若齊之雄

視中原也、今則楚氛日甚、薦食遍於上國矣、視滕若振槁焉、吾將

奔命之弗遑。爵祿之等。藏於王府者。尊界截然矣。滕故同姓之侯
甸也。豈若楚子之名號卑微乎。彼齊為伯。勇我猶甘心服事焉耳
所不堪以七命之君。竟俯首於五命之主也。（口吻宛肖）然苟有利社稷。則雖
尊界倒置。所不嫌矣。華夷之辨。載在春秋者。中外不紊矣。滕故卜（所以先齊於楚妙義只）
正之遺封也。（在題中）豈若荊楚之僻處南服乎。彼齊帥東方。我猶欣然樂
附焉耳。所不能以冠裳之俗。竟屈節於藍縷之邦也。（以上是不敢不事以下是不敢遠）然苟無隕宗
廟。則雖中外淩替。亦何惜矣。倘有莊王之伯。孤不辭肉袒以相迎
（寫[illegible]為[illegible]傳神）耳。第恐實諸海濱。我無以效彼守陴之哭。幸有棄疾之封。孤亦願
息肩於宇下耳。第恐男女以辨。楚或驪我於江汝之間。然則滕之

勢危甚矣一旦荆尸奮怒不幾如江黄道栢無一存者乎即曰事之而一喪一馬二君而拘以三年縱竭力以事其君或獲罪於不（妙○機○疊○生）能事其臣一旦申息興戎不幾如陳蔡不羙夷於九縣乎舍曰事之而或思或縱洩辰而危其三都者啟以無備者啟楚人之心懼（并○照○築○城○鑿○池○思○更○遁○矣）又懼以有備者犯楚人之忌一啟北轍而絕楚之歡則寧我薄人無人薄我楚不將投袂而起乎劍及於寢門車及於蒲胥楚即以不（工○絶）事楚為滕罪逮南懷而受盟於楚則我無爾詐爾無我虞楚未必（縱○横○盡○致○不○窄○落）築室而耕矣乃未蒐而廣之乘先召三男之衆齊又必以事楚為（氣○）滕罪非齊即楚計將安出乎

菁節未篇　孟子　德星堂

震川論文首貴切。如此文。確是事楚。確是滕之事楚。確是商事楚而未事楚。確是先商事齊而次及楚。題位題脉無不細切。故非徒守兔園冊子。便謂文史足用也。

章衡山

處處將齊相形伴說。深得借賓定主法。穿經穴傳。不是尋常浮艷。

陸紹之

四路攢蓋。寓盡遲覺惶恐之。神章法似寒碧兩句題文而思議新出。一一滲自心源。更為前賢搜剔所未到。

叔般分

事楚乎

問於齊楚事齊乎

湖南吳宗師歲入常德府學一名　戴茗

既居大國之間則事齊已知非計矣夫僅一齊則事齊可矣既間于齊楚則事齊豈得計乎故滕君商之曰以予先世恪守侯封但知宗周無虞外患即其後齊桓創霸我小國無役不從猶恃其安靖已而不必有兩大之憂乃至於今偪處者不一境即欲踵前日之率從而猶有不敢自信者矣何則以滕與薛之來朝於魯也周之宗盟異姓為後惟望國之是仰雖齊可不事也而何有於楚即滕與魯皆之奉命於齊也夾輔王室侯伯是征恃先王之成命惟齊乃是事也而何懼於楚然在當年山東之國齊為大滕固遠於楚

不急○[illegible][illegible]顯乃使○側寫有地步

原○評○含

下○仍○和○佳○本○度○

原○評從小講入翻出兩層

齊○楚、分、股、轉、平、勢、側○

而近於齊泗上之小侯尚與我為唇齒也楚雖欲俘我於江南而有所不得一而至今日南服之雄楚為長滕固近於齊而且漸近於楚申息之北門直與我為比隣也齊即欲私我於濟北而有所不能夫非間於齊楚乎既為所間而尚可不審所事乎乃智謀之士

原評處處作側筆却是間字來路

卸入次句倫不脫空

謂楚也荆尸而舉惟力是視故蔡侯以裘佩而不返唐侯以驌驦而久留非若齊先君之存三亡國也是雖間於齊楚而所事者宜在齊且楚也漢陽諸姬彼實盡之故陳蔡附而城陳蔡不美降而城不美非若齊先君之返魯侵地也是雖間於齊楚而所事者終在齊且昔之近於楚者無過鄭乃乞盟之役鄭亦奔命而恐後滕

既聞於齊豈容他有所託况昔之服於楚者無過江黃乃陽穀之會江黃且䟽趙如弟及滕雖間於楚何必自以為嫌是則吾將事齊乎無有貳心之謂事居大國之間而從於強令寧得謂我有携志歟然今日之齊未必能諒我矣抑完信以待之謂事致大國之討而彼不能救庶克息肩於東方歟然今日之滕奚堪數被兵矣孟事齊而不間於楚則事齊固為得策事齊而又間於楚則事齊當有後圖是又安得決然自信曰間於齊楚吾姑事齊而已也

落清

內含事楚句

結住老

上下不說成兩橛却自出落有次第作法極合　原評

側齊在間字前粘楚在事齊前而上下正位仍復叙清波瀾自無罣碍矣非然則題體鮮不決裂者　江自牧

事齊乎事楚乎　　韓菼

有窮於事大者而滕幾無策矣夫小之事大亦恒也然齊楚豈可托以圖存者而必商所以事之乎滕文若曰甚哉臣人之與見臣於人也豈可同日語哉然使犧牲玉帛陳於二境以待強者而托庇焉豈不甚善而今不然蕞爾滕東逼齊南鄰楚寡人欲發憤自強奈小大異形強弱異勢即為天下雄亦越無疆宋偃王之續耳不然而挺而走險急何能擇若燕秦三晉亦不憚委贄請事而間關跋履遠交固難繫柝相聞近攻甚易將何以濟於是為寡人謀者或曰泗上十二諸侯齊實征之況召陵之烈南風不競宜事齊

或曰漢陽諸姬楚實盡之況穆莊以來主盟中夏宜事楚夫苟可以安社稷定國家庇民人利後嗣即事齊事楚寡人豈有擇焉而第恐不事亦悔事亦悔也事此而悔事彼而亦悔也且專事之而悔兼事之而亦悔也今日者發使至齊頒備東藩修貢獻度齊未必加兵也而王帛未達於臨淄荊尸或濟於漢水既受命於齊楚即以事齊為勝罪今日者通聘及楚頒列南服祀春秋度楚未必興師也而宰皇之履即未來三男之衆已忽至既受命於楚齊即以事楚為勝罪然使楚伐我而我長得倚齊也猶討之得也政恐楚師來而齊復以勝委楚既以勝委楚即以不能事齊為勝罪使

（作數句總挈以下叉二股分應）

[間於齊楚] 事齊乎事楚乎（上孟） 韓　菼

齊我我而我見援於楚也猶策之善也政恐齊兵至而楚亦以勝
委齊既以勝委齊又以不能事楚為勝罪且也齊至從齊楚至從
楚既無以見小國之信而且被兵之無期即從齊不敢背楚從楚
不敢背齊亦必共猜携貳之疑而且悉索之難繼幸而齊一戰勝
楚〻一戰勝齊則惟强可以庇民者是從而今已無桓莊之倘幸
而楚不討其從齊〻不討其從楚如晉楚之從可以交相見而今
又無向戌之臣且寡人聞之存三亡國盛烈已不再矣倘寡人事
齊不得比於邢衛大懼隕卜正之遺封城陳蔡不羹雄圖甚可畏
矣倘寡人事楚或遂夷於九縣不幾隳文服之世守介於兩大吾

誰適從謨夫孔多○○頗質夫子○○

層層剝進將勝文心事無不筆端鈎出不必頻呼乎字而乎字

精神為之迸露

事齊手

間於齊楚

江南趙宗師科 入江寧一名　叢澍

國偪兩大勢難支矣夫國之强莫齊楚若也而滕實間之危哉滕也其何以堪若謂寡人不佞承先人餘業以撫有茲疆土也詎不欲發憤自强然以今之時度今之勢則寡人所處誠有其大不幸者與我同壤而實偪處此蓋有兩大焉以爭為之雄長寡人殆汲汲焉救亡之不暇矣以滕為小國固已國勢既非不拔之形則强鄰必有窺伺之漸今日者西顧殽函而百二之雄秦實據之北瞻昆陽而沂皇之峻巍實都之中望漁陽以及邯鄲濟陰諸大國地形要害天下莫加焉此皆寡人之日夜拊心而懼其一失加遺者也

出語古雅

從諸國翻出齊楚

然越國鄙遠吾知其難猶幸與滕風馬牛不相及耳若夫撫滕之（反○映○閒○字）東而扼其吭峙滕之南而當其衝者則維齊與楚（不○先○出○齊○楚）寡人蓋切切慮之一夫五侯九伯齊實征之泱泱表東海國未可量也則齊之威何其烈漢陽諸姬楚實盡之夫方授楚未可與爭也則楚之勢何其强而何意滕之閒乎其中也哉（次出閒字）蕞爾滕近偪齊亦危矣而況有赫赫之楚以與我滕國爭此土也則滕愈危渺藐滕外鄰楚亦恐矣（此二比寫閒字淺）而況有赫赫之齊以襲其後而不可玩也則滕愈懸而讒壽日看陵之師南風不競楚雖强莫與齊爭衡焉則是齊可慮而楚不必慮也（此二比切閒字深）然獨不思齊欲搆禍于滕則壤地相接其鋒不可犯矣即使

齊而欲構禍于楚而戎車蹂躪滕不且先受其殃乎何也地介乎

確是閒字情形不曾聚米為山谷

側也且楚不將疑滕之為齊假道乎設以二廣之卒問罪于滕可若何說者曰穆莊以來主盟中夏齊雖强莫與楚比烈焉則是楚可憂而齊不必憂也然獨不思楚欲加兵于滕則擊柝相聞其勢不可拒矣即使楚而欲加兵于齊而齊犀屨資糧滕不已先受其困

語語刻露

乎何也師出其境也且齊不將疑滕之為楚鄉導乎設以三男之衆討貳于滕可若何嗟乎紀侯大去邾子無歸滕將為續耳齊師朝以出則滕夕以入楚師夕以出則滕朝以入文昭之世守至今日其將墜矣乎介于兩大萬難圖存擇而事焉願質夫子

考卷小題初學集　孟子

間字不止是兩國交攻之意是壤地介乎其側也若只說有齊之强復有楚之横楚有侵軼之虞齊復有蕩搖之懼猶是寬泛話頭文能實從間字發揮後二股更確切地形利害一字不涉通套非熟于左國者不能

間於齊　　葉

問於齊楚事齊乎

江蘇景大宗師歲入上海縣二名　瞿秉慶

困滕者不獨一齊，殊難驟決所事矣。夫一齊已是畏矣，又間之以楚，則欲審所事，公能遽決於齊乎？且以強鄰之實偪處此也，苟非（二一然不走）（如題勒扣）有犄角之勢，亦無難專指一國而臣事之耳。無如跋前疐後，蕞爾者適當夷夏之交，即震東帝之威而甘心屈服，有未敢遽信為榮（伏下有議）之善者矣。（論）憶自周室肇封千八百國，非事一人，雖以王舅之尊，賜履遍東西南朔，而未聞或屈于北面者。鎬洛之聲靈維赫，河山之盟誓可憑也。至若篳路藍縷，僻在荊山，雖是桃弧棘矢以共禦王事者，又無論矣。故我滕褊小，亦得守茅土之舊焉。孰意今日之滕受制于齊。兼受制于楚。瞻言所處。有展轉難安者。苟鄰于密邇者。（上截即用側筆具見作法）從有表海之餘風。即無歲不會。猶易為力耳。何意方城為固者。又屹兩相臨也。則念二國之雖淵。而顧後瞻前。耽耽焉志成虎視之勢。苟責我供億者。惟在九合之遺烈。即無役不從。亦無大虞耳。孰意漢水為池者。又儼乎相逼也。則傷半壁之僅存。而支左絀右。惕惕乎殊多瓦裂之憂。今夫小國之所以事大國者。既欲圖其萬全。必先資夫營衛。（一句用大然）試溯南荊之險。不及東海之強也。二廣之威不如三男之勇也。在昔桓公創霸。泗上諸侯。罔不聽命。而召陵一役責貢包茅。楚亦帖耳受盟。至今稱盛烈焉。則思維所事。宜先及齊

蓋自開于齊楚以來日與臣下百官及二三老成相爲國度者也
夫犬牙相制既非唇齒之堪依而守下可安應托強者以自庇事
齊乎北海南海風則馬牛而問則受制維均也使奉冠帶祠春秋（[illegible]）
一惟琅琊之是効焉齊自宜見德于滕矣第不知一事之後即能
托尚父餘靈而敉寧我社稷也乎城邢縣陳事殊然後而間則一（得乎字神理）
時交逼也使繕甲兵從征伐一聽渤海之約束焉滕又宜見宥于
齊矣第不知終事之餘果能率桓舊德而安安我人民也乎然則
謂一事齊而可不必更慮夫楚也則豈間于齊果有急于間于楚（提上亦用鋪筆）
者哉嗟嗟瞻兩雄之並峙豈使自嘆武微藏一國以景從殊覺爲

新科考卷惟是其 闡於 翟

猶未遠事齊乎吾又不禁思夫事楚矣

氣機流走古藻紛披 原評

齊楚無一筆平列制局甚緊有書卷以佐其運用故轉側處毫

無牽強句載名噪久矣此特全豹之一斑 汪東發

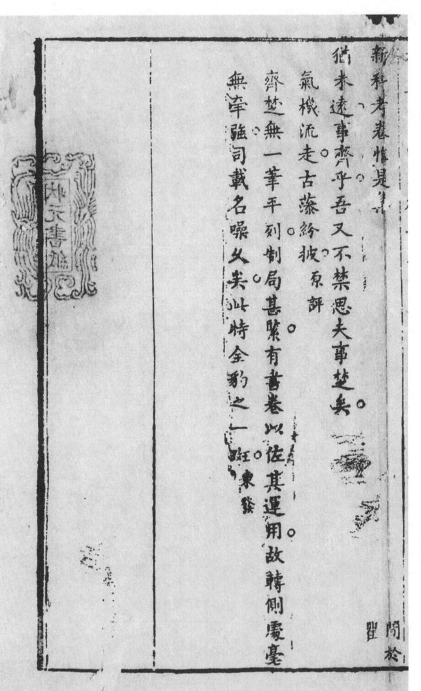

閔子騫　子騫　　宋衡

列德行之次者，聖人嘉歎其孝焉。夫騫列德行，固與難之一助，總淵並誌之，予之嘉其孝也有以夫。在昔聖門修德者匪僅一賢，則款本（起止分明）者自匪僅一士。大約其人其行之足當聖心者，聖人每樂得而嘉歎之。曾論記與難諸賢，總顏淵而列德行者，有閔子騫，騫固有孝有德（用成語貫穿首尾）者（其華往往有此）。欲獨是記閔子（以閔子串諸賢），得與閔子同科者有伯牛仲弓，與閔子殊科者有宰我、子貢、冉有、季路、子游、子夏，或以言語著，或以政事稱，或以文學見長（點敘敵題），無不可與德行列，即無不可與騫列也。雖然，後予騫者有伯牛仲弓（帶起中節），前予騫者猶有淵，淵固聖門首推與吾子心契，彼當在陳蔡時

寓南　先正華

嘯梅齋

嘯梅齋

嵩南先生華：此從陳恭時看如無言不說如

道大莫容衆皆嘿嘿惟顏氏子可與言洵所謂無言不說者賢哉回

注到閔子

乎非同列德行如閔子輩誰可等類齊觀耶故夫子一日慨然與嘆蓋見外患易弭內變難處不覺於及門中特表閔子之孝也有以哉

換上自然

子蓋曰孝難也騫之孝尤難也記者論列德行以閔子次顏子後亦

一絲不漏

惟茲孝德為百行之冠欲是不獨于賜游夏莫與媲其徽即伯牛仲弓亦且遜其美故曰有孝有德云

題以孝德作關紐人皆知之但題前截去顏淵中又插入諸賢與顏淵首尾以閔子作串殊覺費手文于穿插補截之法俱以灝氣行之絕無痕迹可見神乎技矣　楊西潛

有評

吾邑無端令人不測已臻自然之詣

閔子騫

閔子騫冉　子騫　　蔣繪

論德首重於孝、有並列之而獨表之者焉。夫閔子以德行稱也、不第以從、而孝其最著者、記者並列之而于獨表之、所由異於諸賢也歟。且昔人之論才也、僉曰有孝有德、則其所重可知矣。寧選士于聖門（擒、滑、住）而他有所尚歟。是故英才之聚、不盡于一格也。而成德者貴、成德之孝亦不盡於一行也、而不匱者稱、又安在曠野之足悲、而門內之不忍表見乎。夫子之門、記者序列德行之選、自回而外、次及閔子騫、獨（以閔、子、騫、）何說焉、（驁、諸、賢）夫閔子固所稱孝德並優也。馳其辨以諷諭友邦、何遽不若予若賜、出其才以宰割方邑、何遽不若由若求、肆其學以銓正經術也。

何遽不若將若是而閔子俱不傾也以為華言傷信非孝也委身權

俱〻打〇入〇孝〇

門婞孝也文釆徒彰內行不敦非孝也其與田盡蔬水之懽乎其與

牛慎守身之戒乎其與雍大幹蠱之義乎則閔子之列于德行也宜

即〇借〇陳〇蔡〇字〇入〇助〇我〇節〇入〇化〇

也獨是陳蔡之厄絃歌不輟顏淵之徒相與問答夫誠有相悅以解

無〇中〇生〇有〇又〇勢〇直〇走〇末〇節〇

著初不及閔子閔子亦嘿無一言倘所謂德行同耶異耶如以為同

又〇逆〇組〇到〇上〇節〇

微特與顏子同即推而及于言語政事文學之儔亦曠焉其若接如

又〇順〇組〇到〇中〇一〇節〇

以為異微特與諸賢異即進而語于無言不悅之回亦渺然其自遠

而乃知閔子之以德著也以孝著也嗟夫言孝于閔子亦極難耳流

云〇以〇翻〇為〇應〇　句〇奇〇意〇稍〇牽〇強〇

不若回之貧焉而菽水可樂又不若牛之疾焉而守身不失更不若

雍之蕩種焉而幹蠱克稱彼閔子之孝誠極難耳雖然有閔子之德者○安、猗、猪、賢、○不必有其遇有閔子之遇者不必有其德以遇若彼以德若此閔子之所以至也○子能無表而出之○於夫乃知閔子之所同者德也閔子之所異者孝也○後世稱德行之選者首曰顏閔所由與諸賢殊矣○

以孝德為關紐○一定之理○只看其中串插諸賢○帶過四也節○既要無墨漏○又要分賓主○閔子與諸賢賓主也○下諸賢與德行○又賓中主賓也○閔子與德行三賢○又主中主也○顏淵與德行諸賢○又賓中主也○此處既歷然○又要出落無痕迹○知此數難○則知此文之佳特○呂埴

本朝歷科小題文選　論語

閔子騫冉　子騫（論語）　蔣繪

本朝歷科小題文選　論語

閔子是主。諸賢是賓。就諸賢中。言語三項是賓。德行三賢是賓中主。就三賢中。二冉是賓。顏淵是賓中主。通篇以閔子驅駕諸賢。詳畧輕重俱有法。尤高在中間一段。點化回也節。直走末句。復將上二節順逆回環。有如組如舞之樂。

閔子騫曰仍　二節　　儲師軾

動古人以法古之思言、婉而何風矣、夫改作非古也、動以仍舊亦

從夫子至也以下即嘆之節

云敝也。此夫子急與之以為風歟、昔夫下退居於魯也、其徒從容

古文引紫法

遺古於宗國事亦與聞之。襄者因賦有訪當以周公之禮數告執

政。借乎不克用也。至此而復有事於長府。想其時發言盈庭。訖有

成議。國中轇轇傳之以聞於吾黨。如閔子騫者生乎言論風音不逮

尊有襄見一旦以嗟國之心動感舊之念。婉言而諷曰仍舊貫如

之何、必改作至寵貫之當仍與改作之非義未嘗益一言也而

意深遠矣高曾之規矩每变世而如新泮水閟宮尚依然無恙耶

乃我聞有命忽僭為外府之吏爰此服古之儒所聞而心愴者矣

吃緊書之所以日中執其時出入後便不辭費

今日之事君大夫而念及先公也其庶有芻乎則思古傷今豈學士迂拘之習子孫之法守儀綴傳而多字蛾刻蛾鄙其率以勞人耶乃泛可小休又進為域中之興藥此愛人之君子所觀而神傷著矣

著嘗下引起人意況而不可已

今日之衆君大夫而勤恤民隱也吾儕無望乎則豐財和衆豈儒生有激之談夫閔子之處宗國也執政嘗招之而不至其言

亦佳

諷旨非輕有表見者也顧其為上為國為下為民議治不憑不言不敢不言者而仍舊之論抑又何嫌而多中也夫子嘉與其言

天然也哉

以歎想其人曰夫人不言言必有中夫子亦不益一言而意深遠

矣本侃侃之法言而將之以閒閒其務孝作忠看原在天性之點

人不在文辭之脈絡可誇誇之正言而豈安於諧諧彼舍舊圖新

數人當如是

著寧以局中之家識反不如局外之閒觀孰是大人之有言也而

觸類入化

何忽乎哉第未審魯人聞之以為何如也

言文旨遠殆移我情

方望溪先生

前後絕不多着一筆舟廻至兩山間風水吞吐忽聞嘈吰鐘鐃

之聲乃使上下俱應及衆頭一臺又都入齊無突嘖中矣三槃芳

潛無一筆味有千端蘇兄評花善于形似

從曾啓

尤愛其滌中設色言外傳神非復尋常姿致

紀曉嵐

無已則有一焉　　董麒

善爲滕計者，當于無策中求策也。夫立國未有無策者，特患求之不力耳。誠令遷大以他圖，誰謂滕無策哉？今夫謀人家國而謂僥倖苟安之外，更無他策焉，非理也。蓋危急存亡之秋，惟此保桑衛之心最足誤國家之大事。迨事至于不可救，而始悔從前之失計，則已無及矣。事齊事楚，吾謀不若是也。然則將遂不度德、不量力以與齊楚爭雄乎？是或不得已之一計也。抑知立國當圖萬全，必不可以疑忌之私而姑爲嘗試，以啟强大之兵端。然則將遂遠交近攻，唇齒相依以與齊楚抗衡乎？是又不得已之一計也。抑知立國不可依人，必不

康侯房書 小題 東路 孟子

容以詭詐之謀而多為求助以犯強大之所忌則不如其亡矣雖然

切謂勝無策也天心之所以待小國者至厚也故雖限之以權力亦

未始不予以可轉之塗帶礪河山我先人寔受天工之賜而顧依違

其間曾無一說焉以為長策夫何以對我文考且又何以答天心也

惟是不謀之于有事而謀之于無事則天寔有一途以處我矣其敢

謂無奈天何恥人情之所以與小國者不薄也故雖勢處其艱難亦

未始不開以可從之徑爰及苗裔我子孫寔惟卜正終纘而顧諾替

其際曾無一說焉以為良圖其何以對我先人且又何以順人情也

惟是不謀之于事後而謀之于事前則人寔有一徑以答我矣其敢

實卻都懈

則有語脈最緊收得筆參差曲肖

謂人選賢余恥從來謀士之多譎徒徒不尚正而尚奇並逞暴之風（實處觀不過）肆行圖急則又無所用其奇而直坐視其阽危而莫之或拯是故尚（有大家氣）奇者易成亦復易敗誠使時當其變而不至以變而生異議則自有一可常之計為不變之規而豈謂事大之外遂無要務也哉謀臣之（對焰戰國氣習）喜事徒徒不好靜而好動至悉索之患誅求無時則遂無以善其動而且變生其亂階而莫之或挽是故好動者可恃不復可危誠使遇權其窮而不至以窮而忽易慮則自有一可通之機為不窮之應而豈謂事大之外遂無先圖也哉無已則有一焉

意致遒練氣局開明虛情寔襯最得當時語脉

無所不至　戴兆佳

自數之極莫測其所至矣夫苟有所不至則不勝數盡焉者也而小人安所止乎今夫人惟意之所欲爲焉聽用吾意於善即可以至於善也而一有不至則君子之意不快矣用吾意於不善即可以至於不善也而一有不至則小人之意亦不慊矣蓋小人之爲不善其始或偶至焉乃一至而思之不忘再至而益思之不忘則遂屢至焉矣斯其始亦漸至之乃方至而係之不去既至而益係之不去則遂常至焉矣至一境而此境之中更有愈入愈深之處則必由常以歷變至一境而此境之外復有可欣可慕之端則必舍舊以圖新至於

真所已至而熟習既久則所以行其智者益高至而其力未至而意

氣方一與以所以用其力者弥銳即或勢之所制小人庸有不得至者

（字一一逆轉大開生文章布置之法）

而身之未至心必至之觀御河自切也即或時之所限小人亦有不

及至者而事之未至計必至之圖度圖已久也如是而小人不善亦

何所不至哉總攬天下欲賊戾偽賊精之行而叢之幽小人竊已至

爲也然而既有所畏貽播揄揚扼蕩微侈維甚猶在人情善言之也

乃盡天下即慚塗抑厥羣老事而勃之而小人蒙儀至是也則是無

從諳其湘至此雜從諳其所才盡衛究非常進者寡皆然妨之勢盡

無所至者獨之藏朕有所至者獨之兆端而無所不至者舉之流極

不。憾。獨。之。富。一。致。此。哉吾獨無解于小人之閒居。盡。少。留。所。不。及。之。處。以。為。見。君。子。地。也。

意以相引而生。筆以爬梳而入。是為雷霆之精銳。

無所不　戴

明揭心字着力一洗見用之用係極大心推上一層為之揆題是言字之見用心之所闊匯小

無所用心　串句攝上下題○逐字析醒法○白摺体○六比整做格　段　鎧（集初）

心隨地而可用、聖人為不用心者警焉、夫心本可用也、乃竟無所用焉、飽食者其亦足恃否、自天君有主而百體于焉效順、則知心也、蓋所以宰乎一身、而無時無地不可為運變之樞者也、乃人徧、、其樞而不知運變焉、非宰乎一身者之萸介獨柳、人之不自、恰、狀、運乎身之宰耶、吾試為飽食終日者而思其心、、自誕降而來靈、高一層為心字濤、靈之體、已備于萬物無形之先、則凡所謂有感輒應者皆于心、源、遠○重○不○恍、持其權、而思其樹心、向稟受而來清明之本、久已函于衆彙、未、心充○指○心○字○一○層、之始、擧凡、、講無論不遑者、總于心藉其功而呈其能、然則是心

跌醒用心一層再轉剔下見再折擇呉字醒決十分以到氣字如題而止一総不法二比題中巳字今呈露

也。何一不供人之用哉。而無如飽食終日者之竟無所用也。人即五情豈忍步步照照之寸衷。一積而成大昏昏者厭之。（用心一正）正所以心中之澹澹也。乃飽食者竟令其用于心。反令心之不為我用。織心。（非心齊用止人不用心用。須苦終日。到害）操有用之權。而人獨鮮必用之心。自朝至暮之間。誠有欲稍措一（頭出。齊字亦難）所以為若人之用者。而竟無有也。一人即甚愚。忍使靈瑩之樞府無在而不形其頑然。用之。正不欲心之宗頑也。乃飽食者亦明知心之可用而不思用。一在心。雖心不惜其用于人。而人思私其用于心。由旦而夕之際。真有欲偶獲一所以為是人之用者。而又無有也。蓋人必先忘夫大體。而後以吾身之大體為不足

二七極力咏口遺人新一六八已在言下

夫明明同此心耳前之人何以日昃不遑後之人何以舍業以嬉
惕日而玩時是誠勞勸者所不辭抑人必自棄其精神而後以生
平之精神為不必殫夫儼然吞有心耳古之人何以怠荒是懍人
之人何以放佚自娛晏安而沈湎又焉有道者所羞稱夫是以反
先竽于博奕之人也
題竅通章發嘆之由皆緣此四字為之根夫飽食終日聖人何以
深慨其辭止慨其無所用心耳蓋心為一身之宰偶一不用猶
且不可況用之無所乎須重提心字說出用字關係狀醒斷定
則下文唯字已不聲自動矣

尤評清而靈六而利○止將題中四字○個個剔醒○上不粘上○下不連○下○深融上意在內○恰如題分而住○不必有心窺探○止擊醒題字下句雖字漿汁自出○　吳瞻館

註釋天君范浚心箴天君泰然百體從令誕降詩經誕降嘉種清明禮記清明在躬靈臺周子通書靈臺

共頌韓昌黎文冥頑不靈日昃書經自朝至于日中昃不遑暇食含含韓昌黎文含哺而嬉玩日

上傳述去急荒書經系…傳…安陽

紀旦旦不暇急荒無然成安安毒不可收也

無所取材

李宇春

賢者無精義之學，聖人惜其徒勇焉。人惟材了義而後知世之不可忘也。浮海而喜由，亦材之否耶。（拈材字意起）且夫人內度之身，外度之世，有世可忘我而我必不可忘世者，苟嘶義不精，徒任其一往而不返，君子惜其銷窮之多疎也。由誠好勇過我乎，我尚存展轉之思，由已成必往之勢，將不昔之依依道左者，忽變更于初路也，（真可自笑）亦失其行義之本心矣。我猶留悲憫之意，由已深堅忍之思，舉天下之般般托命者，盡輕擲于體外也，亦大非利濟所宜出矣。蓋事以黍酌而後見，義以審察（是否取材然後）精。吾望由之材之也久矣，（上轉到由之身上，無所二字有着落）而竟無所取材乎。空山無人而曠然（妙□能以清）

之感發載同之使因一時之憤激而遂飄然于寂寞之濱此固理之（新之筆寫聲人共情是以天地為一）
大不順者也由何太相執乎試盡民其懷慨激昂之氣取吾身之孰（取得舉雅）
重孰輕者而一再維之則行止之宜灼然自出而前此有激之說知
其行藏不獲已者也而由乃脉然也杜門不出而一念之起民物一環（此是以萬物為一）
之說以偶爾之無聊而果遠遯于非人之境此又情之至不安者也
由何物于識乎試少平其悲天憫人之念取斯世之相維相繫者而
低徊自審則去就之歸判然立決而前此無聊之語知其渺無可如
何者也而由乃實然也況于天下愁置之行每成于意見之說汎濫文（苦具情）
人原其初念亦未必絕意人群特以其大義不明而斯世斯民之責（只是無所取材之故）

舉非所托也使由也率其性之所之而不復以理自慶恐耦耕者不止一沮溺而荷篠者復將有一丈人稱天下孤高之節半成于堅僻之志巢父許由苟返乎中庸非不可優入聖域特以其倏然自放而君臣父子之倫相視蔑如也使由也逞其氣之一往而不復以義自撟將潁水之芳踪不必遠追夫中古而箕山之高志不難近出于吾徒嗟乎無所取材而其流將至于如此由誠過我乎其好勇正未足取也

將聖人不忍忘世苦心曲曲傳出足令躁率人猛省　原評

義內自有條理無是細膩因子路勇于義被他粗氣蒙障是以不

論語　無所取　李

能裁度耳。此義字。雖是就他喜從浮海上說。然當行不當行。此處即當酌量。故夫子譏其不能裁度事理以適義。而先爲指出好勇。以見其受病在此也。蓋好勇則只見得箇大意于義。既不精。所以裁度事理必不細。雖欲取材。亦何所取材乎。篇中先將當裁度處理清。然後轉到由之不能裁度。旁証借喻。理明而法亦無不備。知其揣摩于斯道者精矣。

王汝山

無怨言 至怨難

暨陽 陸景雲 露山

怨因人而很蓋以見安貧之難矣夫伯氏之無怨言特震乎管仲之功耳而怨貧之心自若也子故論處貧而歎無怨之難歟且以恒情之難安於境也而怨生焉身處乎阨窮之境而撫厥由來則怨遂及於人矣身處乎阨窮之境而忘所自始則怨且及於天矣卽有時服人之功不欲出諸口者終非淡於心於以知情因境遷而處困而亨者之不槩見於天下也如管仲據有駢邑而伯氏乃飯疏以終其身矣夫向也綬紱之奉身有餘榮今也俯仰之餘家無長物誰實奪之而令一貧至此乎吾意斯時之伯氏必有怨結

於中而不解者仲苟欲相與為懽俾之釋然而無憾焉誠知其難矣而伯氏固怨耶否耶且使伯氏而果出於怨仲怨仲而責有煩言焉亦情之至常者耳論仲者猶得為仲怨試觀三郤之怨伯宗則譖之矣樂鍼之怨華弱則梏之矣子都之怨潁考叔則射之矣以伯氏之食貧居賤咎有所歸苟非有報怨之事而惟以怨言明斯亦無損於仲而乃甘心窮餓而不悔也自非仲之豐功偉烈有以震讋而懾服之其何以致此雖然伯氏無怨言伯氏之心究不能無怨也夫置身貧賤簞食瓢飲而晏如者惟賢者能之假令伯氏而果能無怨為仲者方將心折其安貧樂道之風想使之並立

於朝以共襄國是否則蔽賢之咎怨謗時聞矣以是知伯氏之無怨言特不怨仲耳而所以自處其貧者怨固未嘗無也此子所爲論及於貧而深有慨歟蓋嘗觀天地之大而人猶有憾者貧爲甚其在貧之不能自存者無論已至若終寠且貧於衛臣憂貧傳於晉相且有以禦大夫之家慼慼然患無其實而發之爲怨言者即曰貧也非病士君子類能安之然而環顧吾黨以屢空見契於聖者顔氏子而外無聞焉以云無怨則誠戛戛乎其難之也昔夫子嘗言貧而樂矣樂則謂樂於循理耳而世乃有稱樂飢於泌水若夫飢而云樂此豈情也哉蓋必有不平於心而適以自言其怨也誠

知無怨之難而取騈於伯氏之怨言不出則怨之泯於言者必能使怨之泯於心矣則卽謂伯氏之無怨言爲處貧者言之也可

鈎貫緊密中有議論以駕馭之直如諸葛之八陣圖無懈可擊　楊芸士先生

功夫到熟極處信手拈來俱成妙諦宜僚之丸紀昌之射神乎技矣　沈少潭

無怨言　陸

無情者不　民志（大學）　王國泰

無情者不　民志　王國泰

民之不能盡辭也。有所以畏之者矣。夫辭從民志而生。而無情而盡辭。以無所畏焉故也。非明明德者而何能大畏之乎。今夫君民之相懸者勢。而不相隔者心。方其未有以動之也。雖處至隱。而肆其欺誕[illegible]駸駸乎有不可禁止之勢。自君德既清。而民之感動乎其上者。已深入于隱微之地。此以知時勢之不足以隔之也。蓋此心實與之相通矣。知此者可以得夫子使無訟之說。今夫民之為訟也。亦甚有辭矣。訟中之能贖千世而一遇。欲訟之興處今日而愈繁。使必欲術楊虛設。犯亂不作。司寇之禁勿勉。奸宄之萌不著。則是辭之不能盡也。

無情者之不敢逞其辭也夫化民成俗之事莫患乎上作而下不應

所以不得盡辭之故全在畏志故將上句

略頓便翻出下句來總講最有力量

則雖士師之法亦窮乎無所施亦莫患乎名與實弗從則雖有尊親之權亦格乎不我用若是者驅之以術而期以捷得之效故至于此乃觀無情者之不敢盡辭如是彼其化之速而入之深者豈區區刑法之所能致哉且非有以大畏之不能謂此林林者性天必與我懸殊乎非也但其悔過自新之機雖在下而實操之自上耳故日詔國人而命之以遷善遠罪而民弗從且以為我后王君公所自治何如吾儕奚遷能若是惟聖人在位而嗜欲必防起居必謹則德立于我矣而民乃翻然變矣感慕之忱轉而生畏此意深洽于民心而豈有

精確

（一節帶上句）

梗化而肆其妄者乎。且謂此承上者觀感不由于君上乎。非也。彼其向風從欲之治成之下而實勸之自上耳。故日討國人而戒之以弗率有誅而民弗遵。且以為后王君公猶未能自淑吾小人何刑之足恤。惟聖人在上而燕僻是戒好惡以端則德成于上矣而民乃燕然仁矣。德威之畏甚于刑威。此意深中于民心而豈有違上而逞其好者乎。夫無訟之由于大畏民志如此。有天下國家者奈何不自明其德而顧漫期斯民之無訟也。此可謂不知本矣。

研理如軒開襟豁。仰瞻晴暉。洞達莫比。彼陳陳相因一流。豈能望其項背。汪南溟大聞大關。有氣蒸雲夢。波撼岳陽之勢。要其辭旨。自爾温厚和平也。擬之古人。可方尚德緩刑一書。

無情者不　民志

江南張學院月課　方苞

安慶府貢監一名

原訟之所以無則不得不求端于民志也蓋無情之辭以其志之無畏者盡之也審此而可不務德乎哉且三王以降賞不足以勸善而刑不足以懲奸惟其志之頑然無所畏也其志頑然故其情惘然而其辭且嚚然蓋上下皆有悖德而患氣積也一夫訟之興也始于情之不類而成于辭之不衷迹其譸張為幻以誣上而行私幾疑無復人

隱禁情者訴以行盡其辭上發大畏民民志句反面也乞

心之有然民之生也既監而又賞好惡直以亂其聰使皆以情而安態自甘于凶害也則思其辭之恐于書者而上之人當有惻然抱不安者已即先王明啓刑書以徵詞而議辟亦惟恃其實之不違乃俗

大學

之漸民已深幾不知礼義忠信為何物雖不以情而殊覺無慚于憂（只○無○覺）

窾也則思其辭之敢于盡者而上之人當有惡然內自慚者已甫斯

以誑無情者所以得盡其辭上之過而非民之過也詐謀非無故而（肯．按．下．上．不．）（只○此○是○不）

遂使辭有不能自已之勢則其情豈復能順事而恕施故以有道以

（得○盡○正○面○便○非○直○接○大○畏向）

相養相馴而陰生其限制道化難一旦而成彼情既託于冥昧之中

則倖之盡豈可以形格而勢禁故必俟其心之自明自正而不可以

强求是非民志之大有所畏不能也而所以畏夫民者非自明其惠（精○義）

不可也史毋之愚既篤而誠能動物即以生其嚴憚之心在其覺背之（[illegible]上○人○[illegible]○大○見○其○辯）

而不安欺之而不敢故教化之條下有積怨蓄怒一朝相傾而大惧

○於○熟○脩○齊○大○頁○得○二○帝○三○王○明○德○所○以○氣○象○

傷仁人之意者畏之至也而豈有揜義以生爭者哉一編民之道既許

○於○明○德○

而後以身教使皆自得其性命之理真覺君長之不可詐而同類之

○是○新○民○

不可欺故三王之世常有服諫匹夫婦禮度義而以死生為不足貳

○撇○轉○上○句○

無畏之至也而豈有辯言以長詐者哉一奈夫震之以法察之以明而

同民其畏我焉不知輾轉以遁其法多方以蔽其明者蓋僾然以上

為不足忌也何怪乎無情之辭日囂而亂獄滋豐也哉非正其本而

明明德于天下者豈足以語此

大畏民志乃是無情者所以不得盡其辭之故若呆叙上句方入

下句神理渙而不屬矣文妙在前半推勘無情之辭所以得盡已

只透民志之無所畏。中間說到不得盡正面。便直趨下句。無一語留賸鋪排、局勢打得極緊。後幅實講大畏句。精警透闢。寫得出明德新民意思。力量尤過人也。

短右袂

徐葆光

袂有宜于短者、欲其便于右也、夫袂未聞其右之獨短也、而夫子之褻裘有然、其有獨宜于右者耶、且吾觀深衣之制、其于袂也、第曰圜者應規而已、則非從欲其短也、第曰反詘及肘而已、則非或異于右也、乃夫子之褻裘、獨短右袂者何哉、蓋右袂之在褻裘者、與非褻者異、將舉手以爲容、則宜從長、若私居以便事、則宜從短、若是乎右袂之宜短也、獨其裘已褻矣、圖宜惟溫之求、短其袂則袂于偏、似非以取溫也、况裘已長矣、亦宜惟長之稱、短其右、雖便乎動、或不適乎靜也、不知聖人以物養體、故燕閒雖暇、亦不忘夫拮据之勞、而以手從

引觀典切

非私居則有爲容矣自以非褻非事之袂絀

從衣取褻裘制袂之短

便作事甚論則確

心備於指偶然即有度于縱容之度周旋初無常款非若如損如操
而以上下之平衡也動作有所斷先非若羈縻端擬而必兩手之並（切○右○串○妙○）
至也故制因其便左之有餘無嫌于右之不足然藏通于一袂聖人
原不失之拘而事酌其中右之不足朋朋夫左之有餘取使止于一（破○便○字）
袂聖人豈過求其利袂以右而異則措手不病其拘牽所以動無隕
越也亦其慎微謹小之一端乎右以短而安則臨事無煩于裝袂又
所以豫遠不欲也當非動容中禮之一助乎由是時伸時屈手欲動（筆○岩○刺○纖○帥○○○峭○妙○）
而袂若隨短者固善用其短如取如攜右先掛而左可繼即長者亦（圓○足○）
不覺其長夫子之因心作則隨事制宜不即一袂而可見哉

刻劃者多不能持論兩有其美乃是雅宗。便作事篤來易入瑣屑乃能道得聖賢意思氣象

短右袂　徐

傅說舉於版築之間

金居敬

明商賢所舉之自而知夢賚之不足徵也夫版築之間所以見知于高宗者必有故矣如曰夢賚之則孟子何以不徵其事且自古發迹之奇無過于舜然而堯之舉舜四岳薦之也猶必歷試而後納于百揆盍亦非忽然而用之者也忽然而聞之者世所傳高宗之于傳說武王之于太公或以夢或以卜然吾以為非識之兆不待辨而妄也明矣太公自西伯善養老則歸周久矣別其為后感哉書說命曰夢帝賚予良弼乃審厥象旁求天下說築傅巖之野惟肖爰立作相嗚乎商之廷臣若是其無人耶彼三年宅憂所聽于冢宰何人也而天

本朝□行書鵠雋集 孟子 康熙乙丑

夢發一發

下不關其不理耶商之立相若是其易耶彼且盤舊學此時尚無

惡鄭亦當稽有官否也若傳說者稽其氏族則不著欲其潛德則無

聞乎磨厲箴則人為相與之刑為何舉乎爾君子讀書至此以為殷

曷以奇異號數云尚鬼 本意

人尚鬼界然而書之不可盡信類然也傳說者高宗微時所識之賢

人也高宗猶勞于外暨荒祖亳厥終國顯其後踐帝位而不疾當其

[illegible]之後踐帝位之前想見高宗所與將歷者定為

同時非有異士險左右之必不至此意者傳說其人也而荒遯之

[illegible]前人以[illegible]有[illegible]

始一旦爰置大臣而料其所謝信之人得毋有新聞舊之嫌乎則又

不可而故為是當言而非言以敵群臣之問而託之于夢而形求之

[illegible]默察寤論精密 遺懸

而遠得之而懸貴之而群臣卒無有疑之者則以尚鬼之人心氣約

之于其故者也一而書且詳列之而後之儒者且以為恭默思道之心鬼神通之非偶然也孰知夢中之人為高宗意中之人旁求之象為高宗所素審之象繫而子曰傳說舉于版築之間蓋傳巖之野高宗即以類自為証法舊游也其中有人焉胥靡版築極不為耳其舉也不必師錫無庸歷試則知之久矣夢賚形求之事要無取焉劉道原外紀云傳說隱于胥靡之中一旦舉用恐必駭懼故高宗託諸夢寐以服羣陸耳陳傅良云高宗之于傅說其知之舊矣豈真以夢得哉惟夫疏遠之士欲舉而置之貴近之存未有以信于天下也故假諸夢以神之

文本此立論正自發得精彩　吳荊山

本朝[illegible]行書[illegible]雜集　孟子

翻得中理醉得盡意自成一片議論前輩雖有其説卻未能見之于文如此辨達時文與古文體源波瀾本自無一也自世俗秦腐爛庸陋之文為式而今與古判矣

傳説舉　　金

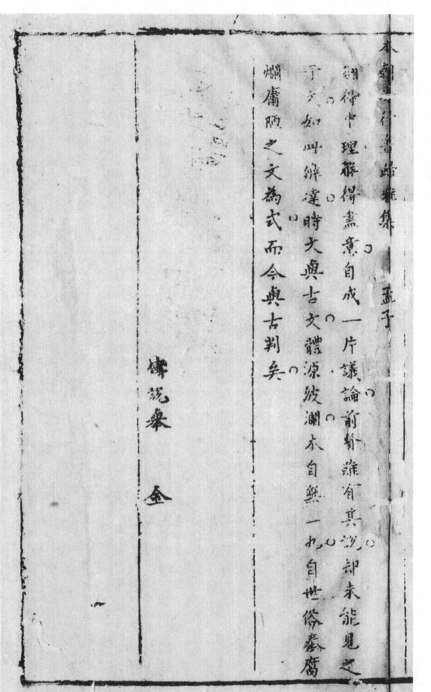

眾惡之必　一節　乙丑　李英

聖人論好惡當於徒同者核其真也蓋好惡自有真耳眾好眾惡或蔽於私可弗察乎耳性身之用通於天下固欲與斯人共見其（直翻要害）真也而必不可使在我先辦其權蓋品類懸殊多不在耳聞目見之地苟欲矯立異之偏而致狥黨同之弊則失于意中者固多而（可惜好惡[illegible][illegible]不就實正義）遺於意外者不少獨奈何藻鑑之明我自有之而我不自用之也（具折）試以好惡論彰癉自在人心求諸人心之公則可恃然而正恐其多所恃也可恃者半不可恃者亦半耳獨照而專徇輿情即此是賢奸倒置之地抑揚亡憑群口証之群口之合則不疑然而正慮

尤深斷

其少所疑也無可疑者百有可疑者一點恭稱而全義博採即此

是奇邪慝亂之端以吾觀之好惡雖衆或蔽於私好惡有真察之

先安放此層透關極吾此論其常罄

則得有必然者人苟無爲類之可指何至集衆毀於一身衆惡之

鉛刀防其責也

則其人可知矣然而庸流亦多附和耳特立獨行多蒙不韙之譏

情違勢阻或抱不白之名此意則神明所默鑒非讀蒙所共諒也

精宇風藻

烝庶鑠金叢輕折軸古則志之旨盡不可信也哉其弗察也原其

嘐白知山

心而略其迹發其潛而闡其幽所賴高明者有持平之鑑而已人

苟無行誼之表彰何緣愜愉揚於衆志衆好之則其人亦可知矣

然而叔季亦多詭隨耳脂韋逢世毋邀鄉愿之稱苛刻矯情或盜

孤高之譽其人雖閥望已日隆實名教所不貸也鼓鍾声聞鶴鳴子和世即有之豈遂盡如是也哉其弗緣也原其始而要其終見其徵而知其著所貴卓識者有核實之程而已必謂楊清激濁世總無定評論亦燃於過刺而要必從審察之後灼見真知蓋不

八酉閩成書音滲淼

好惡衆同好惡而正非以衆為好惡也所以讀書論世毋為昔人之成見所愚載筆名山勿以先入之陳言貽誤必謂考行徵心人倫待我論究亦病其太奔而要必從照察之餘類族辨物蓋不唯與衆殊好惡而後可與衆公好惡也所以處士有肝衡而交遊

声振天地

或至駭於通国一人有默別而默陟不必斷自盈廷不然者好惡

役於衆人。而其真不屬。將衆人持其好惡。而其權不存。伊古以來。志趣多岐。而類波莫挽。職誤此矣。奈何甚弗之察哉。即使萬無可疑。亦必察之。而知其好惡之何在。前明徐思曠先生作。用意特精。文出思雋。骨遒可頡頏前輩。作色避声。乃其餘事。殷會詹

每於折華處。令人意怡　紀曉嵐

舒　許行章　　綠香館集　來鴻瑨

外中國者不獨荆詩言可遮述也夫舒實荆之與國也荆外於中國而舒可知不可爲變於夷者遮述哉嘗攷春秋之世齊地有舒州夫舒州者中夏之小邑非蠻荒之與國也乃有名列於版圖之中化出於風教之外而負固不服直與蠢爾蠻荆同爲蔑我王章者詩於是繼荆而更及舒蓼鬻熊拓藩服之封聲勢阜憑於上國乃不謂相繼而起更有竊桃孤餘燄以自外中原者則知蠶食爲憂正不徒賜金而請鑄三鐘入疆而卑窺九鼎沈廣修霸圖之盛兵戈雄長於邇力乃不謂助虐有人更有煽單路餘威以自逞聲教者則知豕封所據又不徒戰城濮而誇柬

西率威孟諸而糴左右乎吳不有舒乎時於是更詠及之矣小
邦每循王化爾疆彼界各思奉冠帶於天朝迹其坐守田林猶
有不叛不侵之志初未若荊之僭王犯義浸淫憑下國聲威況百
濮群蠻舒與荊或時生釁隙安知不閉關謝使以自安於小邦
也則謂荊而可不及舒也諸蠻各據偏隅即聲從頑久不通語
言於王國則其迹疏朝聘從未與書入書字之班初無異荊之
獨夏生端顯抗王朝威命況左掎右角舒與荊實遙為聲援安
知不同惡作奸以甘外夫聖教也則謂荊而不得不及舒也中
外迭主夏盟而舒獨不列敦槃之會可知舒之為舒非特不樂
附於中國并不欲託於荊蠻也所以始則被取於徐人繼則見
執於楚國終則不助於巢師頑梗威風頻敵強鄰兵甲合則鄰

陵伺釁謀聚反紅　於麇人散則滑淖喪師失祀竟同於夔子故
舒鳩雖詳史冊而丁　遺留僅姓要早與南方檮杌同為中邦不
經見之書杞宋各　僅好而舒獨不通聘問之情可知舒之為
舒不獨中國不樂　助即荊人亦不得引為援也所以時而入
巢起釁時而伐駕鵝　則時而圍蘗廬助敵雄心未艾頻開霸國紛
爭強則結連宗子操　縱欲效夫絞人弱則受襲潘崇藉稻更同
於鄖子則舒庸實世　分支而負險倚江淮已早與南海馬牛同
為王者所必誅之列　蒞懲之也無異於荊也而子乃以周公所
膺者而學之哉

鈞是人也　全章　　于采

為大人者慎所從勿見奪於小者而已。夫盡人而有其大體則人盡大人也奈何惟小體之是從乎此惟先立其大者之為大人也哉且夫人而欲貿其異於衆也亦嘗識乎天之所賦而已矣天之賦於人也同為人之所自具而或以形用或以神用而人或明焉或昧焉此品詣之所以懸絕也今天下均是人也忽而告之曰或為大人或為小人則為小人者必不服又從而告之曰大人之所以為大人者以從大體故小人之所以為小人者以從小體故則為小人者愈不服何也鈞是體也則鈞是天之所以與我者也何厚乎強分以大與

小之名又何居乎有從與不從之異嗚呼是烏知然之有大與小者
非別之於人正別之於天所以與我之靈也使天而靳小體於大
語絕無二語平精　學天之與我有驅策耳目之官學
體則耳目何獨靳以思之誠且何獨靳以思之職而使不能不受蔽
於心使天而予大體於小體則心何獨縱以思之權且何獨縱以思
之權而使操得不得之數嗚呼大小之意即天之所以與我者而顯
然矣其靳耳目以思之職者抑耳目也抑耳目所以尊心也其獨縱
心以思之權者尊心也尊心所以治耳目也此天之所以與我之意
也而小人者弗察也天之所尊而故置之天之所抑而故任之於是
大不能役小而反見役於小小不能從大而反駕越乎大此其所以

目逐於小人之歸而不自知也若所謂大人者不然靜以養其清明之體○使有所主而勿搖則心以虛而能立矣立則思之所至無幽之不徹○而耳目之誘且退聽而無權斂以持其凝一之衆使有所守而勿亂○則心以操而能立矣立則思之所際何境之究通而哲謀之用且各効而無曠○此非所爲參天地育萬物之大人乎彼小人者只爲之下而不敢與爭猶小體爲大體之役而不能奪也○公都子其知之乎○

提天之與我句　不惟驅駕耳目之官數諭有法○且即能透出大體所以當先立之故○抱數亦奇手也○

明清科考墨卷集

第二十八冊　卷八十四

飯疏食飲　三句　胡友信

聖心之樂無時不然者也蓋疏食飲水曲肱而枕時也而于聖人之心何與哉此其所以無時不樂也昔者夫子嘗曰天下之物無與于我吾心之樂無與于物故予當奉養之常無所以限之也其豫也固宜遷起居之便無所以寧之也其飾[illegible]固宜至于飯疏食飲水而口之于咏也失其故也曲肱而枕之而四肢之于安佚也反其常也斯則遇與情相迫若無不可動之情物與性相侵若無不可移之性而乎亦優游焉而平生之所自得者不因是而少易亦洋溢焉而中心之所自豫者不緣是而少遷疏食飲水非樂也而我處于是若或有

以飲之而與精食者同一景象也胸肱而枕非樂也而我處于是若

精食燕居都確　又閑閑寫

有以縱之而與燕居者同一境界也不以物喜不以物悲油然于天

地之間不為物化不為物遷悠然于宇宙之内一切我之窮乎由是通

乎由是不知老之將至者也

篇法渾成須艱故乎至于斯則而乎以我十虚字連絡成一片　朱

擬安

短幅凡十二股故乎二股在題前斯則二股在題間非樂也二股

挽上不以物喜二股提寫咫尺有萬里之勢能使他人千言自廢

黃際飛

此是夫子圖圖現身却在半邊說法只因俱將疏水对下文富貴看書理之所以糢糊不徹而語氣之所以隔越不圓者坐此故耳不知上半截是圖圖說下半截乃單就半邊說凡題俱怕添設此題最愛能補〻則題之理圓而不使下文另起之筆既為補圓上截之文而纒擾不清也一思泉此篇盡熟讀以正其毫釐千里之誤

卿以下必有圭田圭田五十畝　河陽集　潘衍桐

分田供祭待君子者厚矣夫卿以下受祿不同而圭田則定以五十意何厚歟營致諸侯耕助以供粢盛開孝治者首在一人也而廣孝思者不遺庶職蓋祀事孔明吉蠲用取周詩之義而曾孫有慶異數適賅貢法之金爵體其卑而祿周其薄德昭其潔而制定其常拜天室之新恩即以答先疇之舊德也九一什一之制固分田以制祿也然世祿滕已行之所未備者惟圭田耳圭之象取夫方奉俎豆而薦馨香藉報先世義方之德茲以名田者亦謂諸君子員如璋之令望庶幾哉遺徽遠紹偕琇瑩金錫以交輝也而寅清承祀酉熟占豐豈僅若歌大田者稼美

其多矣詠甫田者莠識其絜圭之質取夫白臨几筵而勤將享藉展後人清白之懷茲以名田者亦謂士大夫蘊如玉之德音庶幾哉精意所存與清酒明齊而並美也而黍稷惟馨藻蘋競獻何至如號不毛者田從獲石歟無年者田或名磽此圭田之制所以必統夫卿以下也考其數蓋五十畝云大抵官既微則糈亦漸薄卿以下均叨殊賜斯恩施無間於尊卑雩其霧矣潔爾饎者采孝子之蘭霜既濡矣藝我稻者拜仁人之粟蓋三德備而禁邀天貺亦一命膺而上慰先靈也則恩能下逮也抑制無定則賜亦無常五十畝著有成規而賚予適均夫厚薄衡以受田百畝居然分半能操何需歲取十秅自有贏餘可蓄蓋一定以半區之制早十倍夫五畝之家也則澤普大同也奉先者

之旨思盡孝也念祖父謀詒燕翼實無美蔭於後昆迄今馬鬣
封高三廟之孫嘗莫攀而黍稷末秩顧不能薦馨禾以表潔獻
缶米以明處念及此惻然痛矣君也曲體微忱近以作二三臣
忠孝之心即遠以延數百祀馨香之奉所以圭田加隆於世祿
而不豐不殺知三代之制首明倫無田者之不可以祭也念小
臣身荷寵光深感隆情於没齒特恨烏私未遂九原之靈䰟難
酬而坐撫時光要惟是陳一韭於秋田薦一蔬於春野念及此
心焉戚矣君也聿頒曠典下以尉 俯眾士歷懷世德即上以見
余一人篤念老成所以圭田必特蠲無征而適重適輕知賢君
之興多禮下庥哉何待士之厚哉

卿以下必有圭田圭田五十畝　潘衍桐

然則子非食志也　　孫承恩

門人以非食志情斷見乎詞矣夫食志非人情之言也探之而益見其非更久何以相解哉且論人于供食之事亦瑣悉矣此在求歎者（去字）宰心宜籌而在考稽者特論宜乎夫苟得乎情之談而衡之則闢之者亦足以志言之者亦足以久矣奈若矯誣者之取立實也食志之説乎方言之（妙）乎方聽之天下豈有一堂之言而即復相壞者哉徵今（至今古作後○驗）責舜言揖讓而其窮也不能出于揖讓則人必以為非揖讓若天下（非○卒○根○則○有語）豈有一人之言而自相刺謬者哉徵今君子言孝弟而其既也仍不（行○非○言○一○發）出于孝弟則人必以為非孝弟矣理不兩襲而一時取給者類然乃

本朝房書歸雅集　　順治戊戌

今予子之不食嗟來者而恍然也然則予固非人情不可近者也夫

獅出然則二字　復數知夢

黔敖蹲而認之將孰操壺漿而賜之食等餘耳而予必曰呼來前吾

何耕矜容藻畫

取其有嗟嘆之意者也而嗟嘆之人嗟嗟然而來矣而今不必來也

憂從出　非求食活

彼謝盡者早已重辨其音也然則予固非較然不欺其隱者也夫饑

下口而饘粥欲辭乃必而笑謙奏等食耳而予乃曰盡去諸吾祇其

鮮莫居之思者也而莫居之人蕭蕭然而逝矣而今不必逝也幸嗟

貴者有以代白其隱也人所患于意中之不可測耳發于而堅持其

是以為有不食之必以其志將疑古之餐騎而炎燠而秋杜而憂歎

寫出與數指筆作勢夫使讀者擊節

余何王之稱可升而汲也何雜之膏可敷而羞也一切聘名禮贊之

然則子非食志也（孟子）　孫承恩

典皆可發此意何可以告我先王人弟患其威之終雖解且使予而（二股皆開筆）
窶發其非以為有不志吾學以其食將笑乞之論塊石求河于籔變
而悲季女蓬門之金石不足歌陋巷之簞瓢不足嗟也一時淚水河
魴之感皆可識此意不可使聞之學者並令而知其不然也然則予從（二結合）（刺挑結）
吾儕吾為予歌飲之食之教之誨之命彼後車請之載之（承上轉）

空際結撰以飛藻瀹其俗靡似柳子與崔連州論石鍾乳書　岷瞻先生
入手借引出非字中後只寫食志之錯使然則非也四字會意得
神而不攝其面古雅生動似虞為寘邐寘皆審

然則治天下　三節　　驪海集　闕　名

並耕之不可也、歷觀古聖益明矣、夫使治天下而耕且為、則以勞心者而勞力矣、歷古聖之憂民、又奚遑並耕哉、且天下、治治於大人也治於大人之心也惟大人之心有獨勞、以不容他也有所勞惟大人之心有獨憂故不容他有所憂是以[illegible]之於、則有可為不可為之於勢則有得為不得為揆之於情則有暇為不暇為知乎此乃可與言治天下、如百工之事既不可耕且為夫百工小人也勞力者也治於人者也食人者也區區卑賤之業尚不可以兼為而況為大人者將以除民災去民患遂民生復民性舉凡平地成天教稼明倫諸大事皆待治於其一心斯其勞宜何如憂宜何如而乃可耕且為與百工而耕且為則害於耕其害小治天下而耕且為則耕害於治其害大古語所云勞心勞力人各有所治也人各有所食也此治下之通義固有其不易者且夫大　即聖人也惟聖人之心勞乎天下故聖人之心憂乎天下惟聖人之心憂乎天下而恐天下無居宅無衣食無義理而憂之也切故聖人之心勞乎天下必欲天下有室家有飽煖有教化而勞之也深許行言神農吾言堯舜昔者堯治天下勞其心以擇相相即勞其心以擇君有司惟時若舜與益禹稷契皆分堯之憂以為憂者也或掌火或治水或教稼穡或為司徒迄今考八年三過之績觀勞來匡直之文未嘗不歎聖人之治天下固如此其勞也如此其憂也而

得耕乎而暇耕乎向如許行遵神農之教必使一人之身自為
而後用之則是治人者反為治於人者之事食於人者反為食
人者之事不特有悖於道義而且當堯之時誰與焚山澤誰與
注江海誰與勤樹藝誰與教倫理吾恐洪水至今猶氾濫也草
木至今猶繁殖也九河濟漯汝漢淮泗至今猶未疏瀹決排也
五穀至今猶未登也父子君臣夫婦長幼朋友至今猶未 教也
中國成為巨浸民人變為禽獸穰穰之衆幾何不淪汩于陶唐
之世而莫之恤也子欲並耕盍先衡之理而論其可耕不可耕
又復度之勢揆之情而論其得耕不得耕暇耕不暇耕

然則治天下

採真集　郭　榮

治天下之難也大賢為之轉計焉夫天下非輕任也治天下非易事也彼學許行者亦盡即治天下而轉計之乎想其謂陳相若曰吾甚不解世之人何以日在天下而不知天下之重也又何以日遊天下而不知治天下之責之難也夫不知其重而輕視天下則天下誰為主器不知其難而易視天下則天下孰與仔肩從古無不治之天下從古亦無自治之天下則此任殊非輕易耳不可耕且為百工之事子既知其然矣則試與子考衆工之職而粵鎛燕函各精其技以名世和弓垂矢各擅其巧以呈材朝建日省月試初未嘗以一人而責衆工之長知其所以

治天下者公而加意更試與子詳三農之經而禾麻菽麥懸因地利以布功黍稷稻粱各適土宜而勸事王者度地居民亦不能以一夫而兼三農之責知其所以理天下者約而實然則觀於此亦可悟治天下者矣今夫天下至鉅也治天下至繁也以百工視天下此萬不相及之端也以治百工者視治天下此大相懸殊之勢也入匠氏之門辨器飭材不過一手一足之烈居政府之內體國經野早負可大可久之規是故一人御宇庶職猶懍日宣四海為家萬方遂瞻風化其任至宏其功至賾縱極人世紛紜之故未有若治天下之難者也吾嘗俯仰而知之矣其在開創之天下雲雷未闢霧雨未施宇宙間洪荒草昧總視元后為經綸弗克治之其何以王天下也聖天子業業兢兢方將

創制顯庸為天下錫萬年之福故執樞以馭猶慮治絲而棼握要以圖尚虞治庖而代初不以膺圖授籙謂不徒斤斤於求治也有天下者其何如淬厲哉其在守成之天下室家塗墍牖戶綢繆寰宇內布化宣猷總賴嗣王為紹述非長治焉又何以肩天下也我國家繩繩繼繼方且經營締造為天下樹無疆之休故褰裳而治桃蟲猶懼其拚飛負扆而治莽蜂尚疑其辛螫亦不以繼武嗣休謂無煩殷殷於致治也撫天下者宜何如慎審哉然則天下之重與天下之難若此而猶謂可耕且為也子何輕視天下而易視治功乎

然則治天下獨可耕且為與　觀靈集　黃嗣翊

即所對而反責之誠無解於並耕之說矣夫耕而且為即並耕之說也然不曰百工固不可乎獨以之責治天下者乎孟子若曰天下事莫不有當然之理而獨操一說焉遁於理之外必不拘於理之中夫至不為理拘固不必復與言理也不為理拘而仍與言理亦見理之不為所拘也況與言理而卒為理拘則無解於故為遁者豈猶別存一說能操乎理之所莫遁而相持如子言子誠知耕且為之不可矣百工有所為治天下豈無所為哉而子顧緦緦然責以並耕哉曩子陳此說意子欲為者之無不耕而其始則必自治天下尊之而抑知治天下果何為也子

欲以之先端其始已足見子說之異而不謂子之論百工乃如
是繼子與子辨猶意子或知耕者之不能為而其他自可以治
天下例之而抑知治天下固不必耕也子乃舍之別論其他聊
以證子說之同而不謂子之論百工又如是然則子誠何以處
治天下者矣夫以天下而厚望其治其為固大異乎人降而以
百工論已淺之乎論治天下者矣天下容有耕且為之人治天
下斷無耕且為之人是豈子之偶有遺慮歟否則子之別有異
議與抑或子之域偏端扭私見遂明於百工而昧於治天下與
然則治天下獨可耕且為與子或難視治天下而因以求全責
備也夫難之是也子試思治天下難在耕乎抑難在為乎難之
而律以耕子已昧其所難而特曰於為不畏乎難於耕豈畏夫

易則難易可兼謀也斯又律之已難矣夫使難焉者憑於子之心何足以折子之口試即子所律者而别舉一事焉以相提而子果曰律之已難也何彼此之大相逕庭也然則子視百工難而視治天下獨甚易與子或厚視治天下而欲其並務兼營也夫厚之是也子試思治天下厚以耕乎抑厚以為乎厚之而求以耕子已失其所厚而特曰於為既視之厚於耕豈視之薄則厚薄宜懸舉也斯又求之過厚矣夫使厚焉者伸乎子之辭斷不肯為余之地胡即子所求者而類推一事焉以相較而子亦曰求之過厚也何前後之自相刺謬也然則子視百工厚而視治天下獨甚薄與然則治天下獨可耕且為與

然則師愈與子曰過猶不及

數文　胡文照繼明

賢者以過為愈聖人裁之以中焉夫子貢以師為愈因有過之說也而孰知過猶不及焉子所以復示之且學者初何必屑屑焉求勝于人而惟以至當為歸斯才智兩無所逞乃方人苟快一偏較之見聞師論而若得與聞而孰知道在適中正無事過分優絀也知過與不及之說子不過就師論師就商論商已耳而豈謂過者過乎不及不及者不及乎過云爾哉而不意賜竟有師愈之說也謂品詣之各有短長也微子言賜亦知師之為愈耳而不意子所謂過竟與賜得同心之雅然則短者之不容自諱為短亦猶長者

之不必自諱其長與抑學業之互有伸屈也微子言賜猶未敢以師為愈耳一証諸子所謂過竟示賜以不爽之衡然則屈者之不得以為伸亦即伸者之不得以為屈與然則師愈與賜蓋未知所謂過并未知所謂不及也且夫道以中為歸初無所謂過與不及者也使師而自得乎中也則師誠愈矣師得乎中而商仍不及乎中也則師誠愈于商矣而何有乎過之說哉而何擬乎師愈之說哉不然則子所謂過非過乎商乃過乎中也子所謂不及非不及乎師乃不及乎中也愈之云乎亦猶之而已子能無因賜言而復示之哉明明詫極所歸而必從而餘之非餘也其所謂餘者即其

所不足者也子若曰賜而以師為愈也賜誠誤視夫過矣程途各有所偏初何必相區以彼此明明範圍所在而必從而多之非多也其所謂多者即其所少焉者也子若曰賜而以師為愈也賜盖即過之說而誤視之并不及之說而亦誤視之矣才藝未趋乎正夫固當相勉以中庸過猶不及愈云乎哉然則斯言也子盖為賜進者深矣獨師與商也耶

思清筆譬奕奕動人

然後樂正雅頌各得其所

敫文　秦　玉　石芩

聖人明樂之由正以雅頌之所証之焉盖樂之本在詩雅頌其大者也各得其所則樂正矣于於反魯後積學以定之者如此且自虞廷論樂而先之以詩言志志發為言而詩作焉詩宣其用而樂播焉此其用諸神人而等差判用諸朝廟而義類殊者樂音之無相奪倫者於樂章之無或失次也釐而訂之盖非一朝夕之故已吾自衞反魯吾不將從事於樂哉間嘗觀樂之盛也雲門以下遷九淵而不用大武以上采五代而咸宜惟元公集其大成金聲玉振無不與雅頌俱傳也知正樂有其宗焉而因所樂之亡也學士

荒其業而視若虛文有司失其職而妄思僭用非予也然其流弊
流熄音沈將不第雅頌相錯也知正樂有其大焉然而予豈不欲
早為正樂哉然而予亦何能遽為正樂哉積生平閱歷而涓貫宏
襄共參議論稽故府興章而摯干繚缺時與講明然後正其音而
樂可知也然後正其體而樂可觀也然後察幽明考貴賤而樂由
詩正不至失其所也而不見樂之奏於朝者非雅也耶而不見樂
之奏於廟者非頌也耶雅有其所而上取下就頌不得而溷頌有
其所而異名同用雅不得而淆雅頌各有其所樂固如是其雜正
乎哉而吾文精神幾竭於此矣且夫正樂必以音雅頌固樂音所

然後樂正雅頌各得其所（論語） 秦玉（石芩）

流也無論雅應笙瑟頌應鼓鐘其音異矣而貴人聲則歌於上泠中聲則作於始有不翕純皦繹之可知乎吾以樂正其所而音有雅斯黃籥樂只王可降風音有頌斯鞉鼓猗那商堪繼魯推之九夏金新宮笙語正而其所正思文角清廟宮律正而其所正然後知齊賓五帝商遺三代無不可各得其音也而何必補南陔華黍之辭而何必繁酌賚桓般之義且夫正樂必以體雅頌固樂體所別也無論雅貴典醇頌貴嚴重其體殊矣而義同則畧分之情文同則據事制禮有不清明廣大之可觀乎吾以樂正其所而體為雅即衛鄭鄘邶不載義羊體為頌即魯異商周並傳駉馬推之上

升歌下管入地正而其所正春載芟秋良耜時正而其所正然後知鳧鷖兼祭時邁燕覲無不可各得其體也而何有於二南之射鄉閒附而何有於七月之寒暑豳吹此樂之所由正也吾至是然後有以自信矣

英詞麗藻粲花橫錦足使匡鼎折角班劉讓席此才奚翅八斗

原評

詞藻高騫筆力健舉後二偶尤極雲蒸霞蔚之觀　毛春門夫子

然後　秦

然後歸子　後歸　　從新集　童以鐸

歸有先後之異皆不忍忘其師者也夫歸於三年之後亦可謂盡其情矣而築室者且獨居三年也其不忍歸之心又甚難哉且弟子之於師固終身依歸者也聖門師弟不特誼篤於生前抑且情深於身後跡其復我邦族遲遲爾行或言歸而不忍或欲去而仍留一時情事皆堪遡也門人之將歸蓋已三年外矣且必揖子貢而哭也豈以衆人歸而子貢獨不歸歟抑衆人之歸必偕子貢以歸歟而不然也悵音容之已邈而聚首一堂不改絃誦之素猶足慰也而今歸矣不反矣紛然各散其於師弟死生之感真有不堪追憶者而馬首載途共躑躅而不忍慨服

勤之無日而心喪其守如聞曳杖之歌已足悲也而今歸矣不
反矣飄然長往其於友朋聚散之情尤有不忍言者而行李倉
皇終徘徊而莫決蓋必至是然後歸也今而後泗水之旁無復
諸弟子之跡矣乎雖然莫謂無人也門人歸而子貢反矣門人
之歸也闕河蕭索舉足心違嘆一逝而永絕反不如墟墓之相
依則歸者之情較之未歸者而更苦子貢之反也宿草猶新羣
賢盡散當塊然而獨處反不如握手而臨歧則反之者痛較之
先歸者而彌深而於是乎築室而於是乎獨居何慨慕之無已
也曾日月之幾何不覺又三年矣三年中覺覺無語而追想當
年之提命殆如昨日也弟子幸存吾師已往冥焉死生之相隔
蓋言猶在耳而思之不能忘去此將安所託乎抑三年中杳杳孤

居而轉念昔日之分攜又無異朝夕耳九原不作四海爲遥予然形影之相弔雖情不可窮而義有所止豈能居此不復予嗟乎當斯時也迴思諸人歸之日其年又倍之矣今而後子貢亦可以歸矣不反矣若必至是然後歸也夫歸於三年之前與歸於三年之後雖歷年多寡之不同而不忘其師則一也

兩然後句寫得纏綿愴惻方見聖門師弟之至情倍師者亦應警醒